Rückwirkende Steuerbelastungen gegen Betreiber von Photovoltaikanlagen

Zur Rückgängigmachung von
Investitionsabzugsbeträgen,
dem Verlustverrechnungsverbot im
Veranlagungszeitraum 2022
und zum K. O. durch die Liebhaberei

Stefan Mücke
Steuerberater, Fachberater für
Unternehmensnachfolge (DStV), Partner der
BVWM Partnerschaftsgesellschaft mbB,
Aschaffenburg

http://muecke.de
http://youtube.muecke.de

tredition

Vorwort

Es ist ein Schock für viele Steuerpflichtige, die sich aus ökologischen, aber auch aus wirtschaftlichen Gründen für die Anschaffung oder Herstellung einer Photovoltaikanlage entschieden hatten.

Die steuerlichen Verpflichtungen, die bisher mit dem Betrieb einer Photovoltaikanlagen erfüllt werden muss, schreckten viele potenzielle Betreiber ab. Die sog. Liebhaberei „auf Antrag" war nur bei Anlagen bis 10 kWp möglich, lässt die Grundsätze der Gewaltenteilung vermissen und führte zu keiner Entlastung, wenn der PV-Betreiber die Vorsteuer durch den Verzicht auf die Kleinunternehmerregelung erstatten lassen wollte.

Mit dem Jahressteuergesetz 2022, welches am 21. Dezember 2022 in Kraft getreten ist, wurde rückwirkend ab 1.1.2022 die Steuerbefreiung obligatorisch. Mit der sachlich nicht zu begründenden rückwirkenden Steuerbefreiung verlieren die PV-Betreiber die Verlustverrechnungsmöglichkeit für das Jahr 2022. Aus Folge der rückwirkenden Steuerbefreiung und dem Abzugsverbot ab 2022 werden von den Finanzbehörden Investitionsabzugsbeträge für 2021 rückgängig gemacht und bereits ausgezahlte Steuererstattungen von den PV-Betreibern zurückgefordert.

Das Jahressteuergesetz 2022 ist handwerklich schlecht, nicht zu Ende gedacht und hat juristische Lücken. Wir halten das rückwirkende Verlustverrechnungsverbot für das Jahr 2022 und die Rückgängigmachung von Investitionsabzugsbeträgen bei der Steuerfestsetzung 2021 oder auch frühere Jahre für

unzulässig und begründen unsere Auffassung in dieser
Stellungnahme. Wir haben mit dem 7G/IAB-COMPLEX eine
Community begründet und führen verschiedene
Musterprozesse, um die Vorgehensweise des Gesetzgebers
und der Finanzbehörden gerichtlich prüfen zu lassen.

Ob die das Verlustverrechnungsverbot für das Jahr 2022
wegen der (unechten) Rückwirkung verfassungsrechtlich
zulässig ist und ob die Investitionsabzugsbeträgen aus Jahren
vor 2022 rückgängig zu machen sind, müssen **jetzt die
Finanzgerichte der Länder und Ende der Bundesfinanzhof in
München entscheiden.**

Voraussetzung jeglicher Verlustverrechnungsmöglichkeiten
im Steuerrecht ist aber, dass eine Gewinnerzielungsabsicht
vorliegt. Eine sog. Liebhaberei muss aufgrund einer positiven
Totalgewinnprognose ausgeschlossen sein. Insbesondere PV-
Betreiber mit einer Überschussanlage auf dem
Einfamilienhaus werden zur Verlustverrechnung vermutlich
nicht an der gesetzlichen Neuregelung, sondern an der
Gewinnerzielungsabsicht scheitern.

Kleinwallstadt, April 2024

Stefan Mücke

Überblick über die steuerlichen Belastungen der PV-Betreiber

Nachträgliche und rückwirkende Belastungen durch Gesetzgeber und Finanzbehörden

1. Die **Verlustverrechnung für im Kalenderjahr 2022** angeschaffte PV-Anlagen wurde vom Gesetzgeber durch das Jahressteuergesetz rückwirkend einfachgesetzlich ausgeschlossen. Daneben haben die Finanzbehörden mit dem BMF-Schreiben vom 17.7.2023 die **Rückgängigmachung von Investitionsabzugsbeträgen** angeordnet, wenn diese noch nicht bis zum 31.12.2021 gewinnwirksam hinzugerechnet wurden. Sowohl die Rückgängigmachung als auch das einfachgesetzliche Verlustverrechnungsverbot steht auf wackeligen Füßen. Ergebnis ist ein paradoxer Rollentausch zwischen den Steuerpflichtigen, die eine Photovoltaikanlage betreiben (PV-Betreiber) und den Finanzbehörden. Während früher die PV-Betreiber zur Vereinfachung eine Liebhaberei angestrebt hatten, diese aber von der Finanzverwaltung generell abgelehnt wurde, unterstellen die Finanzbehörden heute die **fehlende Gewinnerzielungsabsicht**, mit dem Ziel die Verlustverrechnung 2022 und/oder die Rückgängigmachung von Investitionsabzugsbeträgen 2021 mangels Einkünfte zu Fall zu bringen. Die PV-Betreiber müssen für die Jahre 2021 und 2022 die Gewinnerzielungsabsicht anhand einer **Totalgewinnprognose** nachweisen, um in den Genuss der langjährigen Praxis der steuerlichen Verlustverrechnung zu kommen.

2. Durch § 52 Abs. 4 Satz 27 EStG (jetzt Satz 28) wird eindeutig die Steuerbefreiung nach § 3 Nr. 72 EStG für alle Einnahmen und Entnahmen aus begünstigen PV-Anlagen ab dem 1.1.2022 bestimmt, mit der Folge, dass für alle Betriebsausgaben ab dem 1.1.2022 das Betriebsausgabenabzugsverbot nach § 3c Abs. 1 EStG anzuwenden ist. Beide Vorschriften wurden durch das Jahressteuergesetz 2022 eingeführt, welches erst am 21.12.2022 in Kraft getreten ist.

bei begünstigten Anlagen

3. Einnahmen und Entnahmen aus dem Betrieb von Photovoltaikanlagen sind von der Einkommensteuer befreit, wenn die installierte Bruttoleistung bei Installation auf, an oder in einem **Einfamilienhaus** 30 kW (peak) nicht übersteigt. Bei Anlagen auf, an oder in **sonstigen Gebäuden**, beträgt die begünstigte Leistungsgrenze 15 kW (peak) je Wohn- oder Gewerbeeinheit. Danach sind bei einem Zweifamilienhaus Anlagen mit bis 30 kW (peak) oder bei einem Dreifamilienhaus mit 45 kW (peak) begünstigt. Eine Escape-Klausel hindert die Steuerbefreiung bei Steuerpflichtigen, die eine oder mehrere PV-Anlagen mit einer Bruttoleistung von mehr als 100 kW (peak) betreiben.

zu Recht?

4. Nachfolgend soll untersucht werden, ob der Abzug eines Investitionsabzugsbetrages im Jahr 2021 (oder 2020) wegen der Steuerbefreiung ab 2022 rückgängig gemacht werden kann, ob die rückwirkende Befreiung von

Einnahmen und Entnahmen, die zum Betriebsausgabenabzugsverbot und zum einfachgesetzlichem Verlustverrechnungsverbot im Veranlagungszeitraum 2022 führen verfassungsrechtlich zulässig ist und welche Aspekte bei der Totalgewinnprognose zum Nachweis der Gewinnerzielungsabsicht zu beachten sind.

Entstehungsgeschichte und Gesetzgebungsverfahren

Regierungsentwurf der Bundesregierung

5. Am 14.9.2022 hat die Bundesregierung den Entwurf zum Jahressteuergesetz 2022 vorgelegt. Ein essentieller Punkt für PV-Betreiber und zukünftige PV-Betreiber stellte Artikel 4 Nr. 1 JStG dar, der die Steuerbefreiung von Einnahmen und Entnahmen in der Einkommensteuer durch die Erweiterung des § 3 EStG um eine neue Nummer 72 einführen sollte[1]. Im Artikel 9 Nr. 4 war neben der Einkommensteuerbefreiung der umsatzsteuerliche Nullsteuersatze für die Lieferung von Photovoltaikanlagen berücksichtigt. Die Änderungen in der Einkommen- und Umsatzsteuer sollten zeitlich aufeinander abgestimmt am 1. Januar 2023 in Kraft treten (Artikel 30 Abs. 6 E-JStG 2022). Durch die Steuerbefreiung der Einnahmen und Entnahmen sollen ausweislich der Gesetzesbegründung **bürokratische Hürden, insbesondere durch die Installation von Photovoltaikanlagen verbundene steuerliche Pflichten, abgebaut werden** (RegEntwurf vom 14.9.2022, Seite 102). Auch durch die Einführung des Nullsteuersatzes sollen Betreiber von Photovoltaikanlagen entlastet werden (Seite 128)[2].

---

[1] Für die Anwendungsvorschriften (§ 52 EStG) war vorgesehen, dass die Befreiung für Einnahmen und Entnahmen anzuwenden ist, die nach dem 31. Dezember 2022 erzielt oder getätigt werden.

[2] Bisher hatten die PV-Betreiber durch Verzicht auf die Kleinunternehmerregelung den Vorsteuerabzug aus der Anschaffung der PV-Anlage erlangt und mussten bis dessen Widerruf den Strom-Eigenverbrauch besteuern.

6. Der Gesetzesentwurf der Bundesregierung wurde mit Drucksache 20/3879 vom 10.10.2022 in den Bundestag eingebracht; Änderungen gegenüber dem Regierungsentwurf ergaben sich diesbezüglich nicht; insbesondere berücksichtigte der Entwurf den im Regierungsentwurf vorgesehenen Stichtag in der Zukunft; die Neuregelungen sollten wie vorgesehen am 1.1.2023 in Kraft treten.

… bremste den Ausbau der Photovoltaik

7. Die zukünftigen Entlastungen, die sich aus dem in den Bundestag eingebrachten Jahressteuergesetz 2022 ab dem 10.10.2022 ergaben, führten schlagartig zu verzögerten Bestellungen sowie bewussten und konstruierten Verzögerungen bei der Lieferung von Photovoltaikanlagen, um das zeitliche Ufer des Nullsteuersatzes zu erreichen und sich somit die Versteuerung des Strom-Eigenverbrauchs für fünf oder sechs Jahre[3] zu ersparen. Andererseits war mit der zukünftigen Anschaffung oder Herstellung der PV-Anlage ab dem Jahr 2023 der Verlust der AfA-Verrechnungen (degressive AfA und Sonder-AfA nach § 7g Abs. 5 EStG) verbunden. Der eingebrachte Gesetzesentwurf verunsicherte die PV-Betreiber, was zu einer Flut an Beratungsbedarf für die steuerberatenden Berufe führte. Deren Aufgabe war es nun zu beraten und aufzuklären, welcher Weg steuerlich der vorteilhafteste ist.

8. Der Autor stellte direkt nach Veröffentlichung des Regierungsentwurfes über soziale Medien und seinen

---

[3] Zur Vermeidung der Vorsteuerberichtigung nach § 15a UStG war es häufig günstiger erst nach dem 6. Jahr zur Kleinunternehmerregelung zurückzukehren.

YouTube-Kanal (http://youtube.muecke.de) das Entnahmemodell aus dem Plattenbergmodell vor, mit dem der Nullsteuersatz auch für PV-Anlagen vor dem 1.1.2023 nutzbar gemacht und so die Besteuerung des Strom-Eigenverbrauch vermieden werden konnte[4]. Nachdem durch das Entnahmemodell Mehrbelastungen in der Umsatzsteuer grundsätzlich verhindert werden konnten, wurde aufgrund der sich nach dem Gesetzesentwurf bestehenden zeitlich begrenzten Verlustverrechnungsmöglichkeiten empfohlen, auf die Anschaffung oder Fertigstellung der PV-Anlage bis zum 31.12.2022 zu drängen. Es sind auch Fälle bekannt, in denen sich Steuerpflichtige ganz kurzfristig für eine PV-Anlage entschieden hatten; diese PV-Betreiber profitierten davon, dass andere PV-Betreiber den Liefer- und Montagetermin für ihre Anlage wegen dem Nullsteuersatz in das Jahr 2023 verschoben hatten.

… mit handwerklichen Fehlern

9. Die vorgesehene, in der Zukunft liegende Steuerbefreiung ab 1.1.2023 in der Einkommensteuer hat zu einer einfachen Steuergestaltung eingeladen, über die der Autor ebenfalls auf seinem YouTube-Kanal berichtet hatte. Durch eine verzögerte Abgabe von Umsatzsteuer-Voranmeldung für die Erstattung der Vorsteuer aus der

---

[4] Die Entnahmemöglichkeit wurde von den Finanzbehörden grundsätzlich in Zweifel gezogen, im Entwurf zum BMF-Schreiben zum Nullsteuersatz sollte diese mit der 90%-Hürde verhindert werden. Im endgültigen BMF-Schreiben hat man aber an der 90%-Hürde festgehalten, aber realitätsfremde Fiktionen zur Erreichung der 90%-Hürde zugelassen. Trotzdem hatte die bundesweite Anerkennung bis Juni 2023 warten müssen.

Anschaffung der PV-Anlage konnte der Zufluss der Betriebseinnahmen aus der Vorsteuererstattung auf den steuerfreien Veranlagungszeitraum 2023 verschoben werden, während die an den Solarteur gezahlte Vorsteuer im Veranlagungszeitraum 2022 steuermindernd berücksichtigt werden konnte. Auch ergaben sich aus dem Gesetzesentwurf keine Einschränkungen hinsichtlich des Abzuges eines Investitionsabzugsbetrages im Veranlagungszeitraum 2022.

… die durch Beschlussempfehlung des Finanzausschusses beseitigt wurden

10. Es ist nicht auszuschließen, dass die Veröffentlichung der Steuergestaltungsmöglichkeiten der Grund war, weshalb in der Beschlussempfehlung und im Bericht des Finanzausschusses vom 30.11.2022 die Befreiung in der Einkommensteuer in Art. 1 des Jahressteuergesetzes 2022 verschoben und damit vom Gesetzestext her die **rückwirkende Steuerbefreiung auf den 1.1.2022** erreicht wurde[5].

11. Der **Lapsus des Bundesfinanzministeriums**, welches den Gesetzesentwurf für die Bundesregierung verfasst hatte, wäre einfach und sachgerecht dadurch zu beseitigen gewesen, dass über die Anwendungsvorschriften in § 52 Abs. 4 Satz 27 EStG von der Steuerbefreiung nach § 3 Nr. 72 EStG lediglich die Einnahmen erfasst werden, die wirtschaftlich zu einem Zeitraum gehören, der nach dem

---

[5] Für die Anwendungsvorschriften (§ 52 EStG) war nunmehr vorgesehen, dass die Befreiung für Einnahmen und Entnahmen anzuwenden ist, die nach dem 31. Dezember 2021 erzielt oder getätigt werden.

31.12.2022 beginnt. Der Begriff der „wirtschaftlichen Zugehörigkeit" ist nicht neu, sondern bereits aus § 11 Abs. 1 Satz 2 EStG bekannt. Die bewusst verschobene Umsatzsteuererstattung in das Jahr 2023 wäre nicht von der Steuerbefreiung erfasst, sondern dem Jahr ihrer wirtschaftlichen Verursachung – nämlich 2022 und somit steuerlich relevant – zugeschrieben worden. Hinsichtlich des Investitionsabzugsbetrages hätte der vom Gesetzgeber nicht bedachte Abzug ganz einfach dadurch ausgeschlossen werden können, indem eine Hinzurechnung bei Anschaffung einer begünstigten Anlage nach § 7 Abs. 2 EStG ausgeschlossen wird. Auch eine solche Einschränkung ist nicht neu[6].

... mit nachträglichen Belastungen – „auf Kosten" junger PV-Betreiber

12. Statt die Steueränderungen sachgerecht für die Zukunft zu definieren, hat der Gesetzgeber sich im Gegenzug dazu entschieden, die Steuerbefreiung nach § 3 Nr. 72 EStG bereits für das Kalenderjahr 2022 zu bestimmen und somit rückwirkend die Einnahmen und Entnahmen, die nach dem 31. Dezember 2021 erzielt oder getätigt wurden von der Einkommensteuer zu befreien (§ 52 Abs. 4 Satz 27 EStG, jetzt Satz 28). Die PV-Betreiber von Alt-Anlagen („Alt"-PV-Betreiber) mit Volleinspeisung und Einspeisevergütungen von z. B. 28,00 Cent oder 57,40

---

[6] Hinzurechnungen werden nach § 7g Abs. 2 Satz 2 EStG ausgeschlossen, wenn nach Bestandskraft im Abzugsjahr im Zeitpunkt der Inanspruchnahme von Investitionsabzugsbeträgen das begünstigte Wirtschaftsgut bereits angeschafft oder hergestellt war. Durch diese Einschränkung soll die Kompensierung von Mehrergebnissen aus einer Außenprüfung durch den nachträglichen (Neu)Abzug von Investitionsabzugsbeträgen verhindert werden.

Cent dürften sich über das unerwartete „Geschenk" des Gesetzgebers, nämlich die hohen Einspeisevergütungen schon rückwirkend und ein Jahr früher steuerfrei einstecken zu dürfen, sehr gefreut haben. Eine sachliche Rechtfertigung für die Befreiung solcher Anlagen, die heute Gewinne von 4-6 TEUR erzielen gibt es nicht.

13. Die PV-Betreiber, die bereits vor Veröffentlichung des Regierungsentwurfes (14.9.2022) eine PV-Anlage angeschafft oder zumindest bestellt hatten, bzw. auch die Steuerpflichtigen, die nach Einholung einer steuerlichen Beratung auf Basis der damals geltenden Gesetze und der zu erwartenden steuerlichen Neuregelung ab 1.1.2023 noch bis zum 29.11.2022 von einer steuerlichen Verlustverrechnung im Veranlagungszeitraum 2022 ausgehen durften und konnten, wurden von der rückwirkenden Befreiung von Einnahmen und Entnahmen aus dem Betrieb einer PV-Anlage im Bericht des Finanzausschusses vom 30.11.2022 überrascht.

… 10 Tage vor Ablauf des Kalenderjahres

14. Das Jahressteuergesetz vom 16. Dezember 2022 wurde am 20. Dezember 2022 – und somit kurz vor Ende des Veranlagungszeitraumes 2022 - verkündet und trat einen Tag danach in Kraft (Art. 43 Abs. 1). Mit dem Inkrafttreten am 21. Dezember 2022 gilt Art. 1 JStG 2022, der die Steuerbefreiung in § 3 Nr. 72 EStG enthält bereits für den Veranlagungszeitraum 2022. Die Einnahmen und Entnahme, die nach dem 31. Dezember 2021 erzielt oder getätigt werden, wurden rückwirkend befreit (§ 52 Abs. 4 Satz 27 EStG). Dies hat zur Folge, dass das Betriebsausgabenabzugsverbot nach § 3c Abs. 1 EStG

ebenfalls für Betriebsausgaben des Jahres 2022 gilt, die mit steuerfreien Einnahmen im Zusammenhang stehen.

15. Das Betriebsausgabenabzugsverbot gilt jedoch nicht generell für Ausgaben ab dem 1.1.2022, sondern nur für solche, die mit steuerfreien Einnahmen im Zusammenhang stehen. Zahlt der PV-Betreiber im Jahr 2022 eine Überzahlung des Netzbetreibers aus dem Vorjahr 2021 zurück oder begleicht dieser die Rechnung des Steuerberaters für die Steuererklärungen des Veranlagungszeitraums/Besteuerungszeitraums 2021, so sind die Ausgaben nicht von der Regelung des Betriebsausgabenabzugsverbotes des § 3c Abs. 1 EStG erfasst und somit abzugsfähig[7].

Zweifel an der richtigen Lösung

16. Ab dem Jahr 2023, in dem die Befreiung in der Einkommensteuer und der Nullsteuersatz in der Umsatzsteuer zweifelsfreie Anwendung findet, führt die gesetzliche Neuregelung bei den typischen „privaten" PV-Betreibern (z. B. Überschussanlage auf dem Einfamilienhaus) entsprechend dem Gesetzeszweck zu steuerlichen Vereinfachungen und zum Bürokratieabbau bei Steuerpflichtigen, der Finanzbehörden und den steuerberatenden Berufen.

17. Fraglich bleibt allerdings weiterhin, ob die aktuelle Befreiungslösung das optimale Konzept ist. Wird die PV-Anlage von einer gewerblichen GmbH oder gewerblichen Personengesellschaft betrieben oder gehört sie zu einem anderen Betriebsvermögen, so müssen die steuerfreien

---

[7] Die Befreiung von der Gewinnermittlung nach § 3 Nr. 72 Satz 2 EStG kann den materiell zulässigen Betriebsausgabenabzug nicht verhindern.

Einnahmen herausgerechnet und die nicht abziehbare Betriebsausgaben identifiziert und ermittelt werden[8]. Sachlich ist die Steuerbefreiung nicht zu rechtfertigen, z. B. für Altanlagen mit hohen Gewinnen durch die heute noch sehr hohen Einspeisevergütungen, bei Ehegatten die fünf oder zehn Mitunternehmerschaften mit jeweils unterschiedlichen Beteiligungsverhältnissen gründen und so die 100 kW (peak)-Grenze vervielfachen können oder Einnahmen aus Mieterstrom für eine auf einem Miethaus installierte PV-Anlage. M. E. wäre es einfacher und vor allem sachgerecht gewesen, den PV-Anlagen, die nicht aus anderen Gründen zu einem Betriebsvermögen gehören, dem Privatvermögen zuzuweisen und die Liebhaberei zu verordnen, wenn der Strom überwiegend für eigene private Zwecke verwendet wird. Wer als Vermieter Strom an seine Mieter verkauft, hätte die Stromgewinne im Rahmen der Vermietungseinkünfte erklären und versteuern müssen.

---

[8] Das Bundesfinanzministerium hat das Problem erkannt und lässt den vollen Betriebsausgabenabzug bis zur Höhe der steuerfreien Einnahmen uneingeschränkt zu (BMF-Schreiben vom 17.7.2023, Tz. 24)

Rückgängigmachung von Investitionsabzugsbeträgen im Jahr 2021 oder früher

(un)sachgerechte Wahl des Gesetzgebers

18. Es erscheint ungerecht, dass im Veranlagungszeitraum 2021 der Abzug eines Investitionsabzugsbetrages eine erhebliche Steuerminderung auslöst, wenn aufgrund der gesetzlichen Neuregelung durch das Jahressteuergesetz Einnahmen und Entnahmen nach dem 31. Dezember 2021 nach § 3 Nr. 72 Satz 1 EStG steuerfrei sind (§ 52 Abs. 4 Satz 27 EStG, jetzt Satz 28). Diese, insbesondere aus fiskalischer Sicht, als ungerecht empfundene Situation hat das Bundesfinanzministerium dem Gesetzgeber vorgeschlagen, in dem es die Befreiung von Einnahmen und Entnahmen von begünstigten PV-Anlagen im Entwurf zum Jahressteuergesetz 2022 ab dem 1. Januar 2023 berücksichtigt hat und zur Vereinfachung des Besteuerungssystems nicht auf das Datum der Anschaffung oder Inbetriebnahme der PV-Anlage abgestellt hat. Das fiskalische Rechtsempfinden der Ungerechtigkeit gilt in gleicher Weise auch für PV-Anlagen, für die ein Investitionsabzugsbetrag im VZ 2020 abgezogen wurde, bei Anschaffung in 2021 eine Verlustverrechnung durch AfA und Sonder-AfA im VZ 2021 möglich war und die Einnahmen ab dem Veranlagungszeitraum 2022 einkommensteuerbefreit sind[9]. Die Geltung der Neuregelung für alle begünstigten

---

[9] PV-Betreiber mit Anschaffung der Anlage im Kalenderjahr 2021 mussten keine belastende Rückwirkung aus dem Jahressteuergesetz 2022 fürchten. Bei diesen Betreibern wird vereinzelt die Verlustverrechnung wegen einer fehlenden

Anlagen – ohne Differenzierung zwischen Alt- und Neuanlagen – und unabhängig vom Stichtag der Befreiung zur Neuregelung (1.1.2023 lt. Regierungsentwurf oder 1.1.2022 nach dem Beschluss des Finanzausschusses) führt zwangsweise zu einem **harten Wechsel** zwischen Steuerpflicht mit Verlustverrechnungsmöglichkeit und Steuerfreiheit ohne die Möglichkeit einer einkommensteuerrechtlichen Verlustverrechnung. Dieser harte Wechsel im einkommensteuerrechtlichen Besteuerungssystem war und ist eine bewusste Entscheidung.

… aber, was nicht sein kann, das nicht sein darf

19. Trotz dieser bewussten Entscheidung zum harten Wechsel im Besteuerungssystem ist das fiskalische Rechtsempfinden der Ungerechtigkeit der Grund, warum in dem BMF-Schreiben vom 17. Juli 2023 (Tz. 19, 2. Spiegelstrich) die Finanzbehörden die Auffassung vertreten, dass „**Investitionsabzugsbeträge, die in vor dem 1. Januar 2022 endenden Wirtschaftsjahren in Anspruch genommen und bis einschließlich zum 31. Dezember 2021 noch nicht gewinnwirksam hinzugerechnet wurden, nach § 7g Abs. 3 EStG rückgängig zu machen sind, wenn in eine nach § 3 Nummer 72 EStG begünstigte Photovoltaikanlage investiert wurde.**"

Gewinnerzielungsabsicht in Frage gestellt. Die Änderung auch bestandskräftiger Festsetzungen und Feststellung ist nach § 173 AO möglich, da die Gewinnerzielungsabsicht eine Tatsache im Sinne des § 173 AO darstellt.

20. Typischer Anwendungsfall ist, dass ein PV-Betreiber im Veranlagungszeitraum 2021 einen Investitionsabzugsbetrag abgezogen hat, weil die PV-Anlage bestellt war, sich diese in der Projektierung befand oder zumindest geplant war. Geliefert wurden die PV-Anlagen im Kalenderjahr 2022 noch vor dem Inkrafttreten der Gesetzesänderung am 21.12.2022 oder wegen der hohen Nachfrage häufig auch erst im Kalenderjahr 2023.

… auch ohne Grund

21. Das BMF-Schreiben enthält nur die Anweisung an die obersten Finanzbehörden der Länder zur Rückgängigmachung von Investitionsabzugsbeträgen; eine **Begründung**, warum der Investitionsabzugsbetrag rückgängig zu machen ist fehlt gänzlich. Bis zur Veröffentlichung der Textvorlagen durch die Mittelbehörden an die Finanzämter wurde die Rückgängigmachung unterschiedlich begründet. Diesen Begründungen wurde und wird heute eine Alternativbegründung beigestellt. Das Vorgehen wird durch die alternative Begründung, nämlich dass die Anlage aufgrund einer fehlenden **Gewinnerzielungsabsicht** im Rahmen der Liebhaberei betrieben wird, abgesichert.

… keine Gewinnerzielungsmöglichkeit bei Steuerfreistellung

22. In Abgrenzung von der Gewinnerzielungsabsicht wird die Rückgängigmachung mit der fehlenden **Gewinnerzielungsmöglichkeit** begründet, weil der PV-

Betreiber aufgrund der Steuerbefreiung von Einnahmen und Entnahmen, die nach dem 31. Dezember 2021 erzielt und getätigt werden keinen Totalgewinn mehr erzielen kann. Der Verlust, der mit dem Abzug des Investitionsabzugsbetrages im VZ 2021 eingetreten ist, könne durch die steuerfreien Einnahmen und Entnahmen nicht mehr ausglichen werden. Eine fehlende Gewinnerzielungsmöglichkeit wegen der Steuerbefreiung kann jedoch die Rückgängigmachung nicht begründen. Diese Auffassung wird auch vom FG BaWü[10] vertreten. Die Frage, ob eine Betätigung mit Gewinnerzielungsabsicht verfolgt wird, betrifft die einer etwaigen Steuerfreiheit der Einnahmen vorgeschaltete Frage der Steuerbarkeit der fraglichen Einkünfte. Wenn die Gewinnerzielungsabsicht fehlt, werden keine Einkünfte erzielt und es stellt sich gar nicht erst die Frage einer Steuerfreiheit von Einnahmen. Auch steuerfreie Einnahmen bzw. Einkünfte sind ungeachtet ihrer Steuerfreiheit Einkünfte i. S. von § 2 Abs. 1 EStG. So sind auch gewerbliche steuerfreie Veräußerungsgewinne nach § 16 EStG bei der Gewinnerzielungsabsicht zu berücksichtigen; keine Berücksichtigung finden nicht steuerbare Veräußerungsgewinne bei den Überschusseinkünften[11] . In der Totalgewinnprognose sind daher auch die steuerfreien Einnahmen und Entnahmen und auch die nicht abzugsfähigen Ausgaben zu berücksichtigen. Die Steuerbefreiung kann einen Totalverlust und die Rückgängigmachung somit nicht begründen. Der weiteren Begründung des FG BaWü, wonach die Steuerfreiheit im Prognosezeitpunkt noch nicht vorhersehbar war und daher bei der Prognose nicht

---

[10] FG BaWü, Urteil vom 21.7.2023
[11] BFH-Urteil I R 69/95 vom 18.9.1996, BFH/NV 97, 408, 3d

einzubeziehen ist[12], bedarf es nicht und ist auch unzutreffend. Der Abzug eines Investitionsabzugsbetrages im Jahr 2022 (!) für eine in 2023 geplante PV-Anlage kann daher nicht an der Gewinnerzielungsmöglichkeit wegen der ursprünglich ab dem 1.1.2023 vorgesehenen Steuerbefreiung scheitern[13].

... rückwirkendes Betriebsausgabenabzugsverbot ist unstrittig

23. Vor Veröffentlichung des BMF-Schreibens wurden Investitionsabzugsbeträge unter Hinweis auf das **Abzugsverbot nach § 3c Abs. 1 EStG** rückgängig gemacht. Trotz einer periodenübergreifenden Betrachtung des § 3c EStG kann die einfachgesetzliche Steuerbefreiung nicht in den Veranlagungszeitraum 2021 zurückwirken und in die damals zugrundeliegenden Steuertatbestände eingreifen (BFH-Urteil vom 12. Dezember 2012, BStBl. 2013 II S. 203, so auch im BMF-Schreiben vom 17.7.2022, Tz. 21).

---

[12] FG BaWü, Urteil vom 21.7.2023, 1b

[13] Der Abzug eines Investitionsabzugsbetrages im VZ 2022 scheitert nach Auffassung der Finanzbehörden einfachgesetzlich an der Befreiung von der Gewinnermittlung nach § 3 Nr. 72 Satz 2 EStG (BMF-Schreiben vom 17.7.2023, Tz. 19, erster Spiegelstrich). Falls die rückwirkende Befreiung als verfassungswidrig beurteilt wird, dann ist auch Abzug eines Investitionsabzugsbetrages im VZ 2022 möglich.

... aus der Gewinnermittlungsbefreiung wird ein Gewinnermittlungsverbot kreiert

24. In der Mehrzahl der Fälle wird die Rückgängigmachung des Investitionsabzugsbetrages nach § 7g Abs. 3 Satz 1 EStG nach der Veröffentlichung der Textvorlagen durch die Mittelbehörden mit dem gesetzgeberischen Verzicht auf die Gewinnermittlung (**Gewinnermittlungsbefreiung**) begründet. § 3 Nr. 72 Satz 2 EStG bestimmt: *„Werden Einkünfte nach § 2 Abs. 1 Satz 1 Nummer 2 erzielt und sind die aus dieser Tätigkeit erzielten Einnahmen insgesamt steuerfrei nach Satz 1, ist kein Gewinn zu ermitteln."*

25. Die Befreiung von der Pflicht den Gewinn und die Einkünfte zu ermitteln (§ 3 Nr. 72 Satz 2 EStG) ist bei dem Steuerbefreiungskonzept richtig und notwendig, sonst wäre der PV-Betreiber trotz der Einnahmenbefreiung verpflichtet, einen Gewinn zu ermitteln, der im Anschluss daran keine steuerliche Berücksichtigung erfährt, was einer Vereinfachung und dem Abbau von bürokratischen Anforderungen genau entgegenwirken würde. In der Begründung zum Gesetzesentwurf der Regierung wird hierzu ausgeführt: *„Werden in einem Betrieb nur steuerfreie Einnahmen aus dem Betrieb von begünstigten Photovoltaikanlagen erzielt, **braucht** hierfür kein Gewinn mehr ermittelt und damit z. B. auch keine Anlage EÜR abgegeben zu werden."* (RegE zum JStG vom 14.9.2022, Seite 102). Mit der Gewinnermittlungsbefreiung soll der PV-Betreiber - im Einklang mit dem gesetzgeberischen Ziel – eine Vereinfachung erfahren und so die bürokratischen Hemmnisse und steuerlichen Verpflichtungen abgebaut werden. Die Gewinnermittlungsbefreiung ist als begünstigende

Vorschrift zu verstehen und auszulegen. Wenn im Regierungsentwurf der Bundesregierung einerseits von „ist" und andererseits von „braucht" gesprochen wird, so ist dies mit der unsauberen Arbeit des Gesetzgebers und des Bundesfinanzministerium begründet. Wenn die Finanzbehörden heute von einem Gewinnermittlungsverbot sprechen, so wird der Hintergrund der Gewinnermittlungsbefreiung verkannt. Auch gibt es Betriebsausgaben im Kalenderjahr 2022, die nicht unter das Abzugsverbot nach § 3c Abs. 1 EStG fallen, weil kein Zusammenhang mit steuerfreien Einnahmen in 2022, sondern mit steuerpflichtigen Einnahmen in 2021 besteht (z. B. Rückzahlung aus der Abrechnung der Einspeiseabrechnung, Steuerberaterrechnung für das Vorjahr).

… das in vielen Fällen nicht greift

26. Zu den nach § 3 Nr. 72 Satz 1 EStG steuerbefreiten Einnahmen gehören die Betriebseinnahmen aus dem Verkauf von solarem Strom an den Netzbetreiber (Einspeisevergütung), der Verkauf an Mieter (Mieterstrom), die Vergütungen für das Aufladen von Fahrzeugen (Ladestrom, aber nur soweit solarer Strom vergütet wird), und Zuschüsse zum Betrieb oder zur Anschaffung der PV-Anlage. Nach Tz. 9 des BMF-Schreibens gehört auch die vereinnahmte und erstattete Umsatzsteuer mit zu den befreiten Einnahmen. Der Erstreckung der Steuerbefreiung auch auf die Umsatzsteuer ist zuzustimmen, da sonst die Gewinnermittlungsbefreiung für alle PV-Betreiber, die ihre PV-Anlage bis 31.12.2022 – vor Geltung des

Nullsteuersatzes nach § 12 Abs. 3 UStG – angeschafft
haben, nicht zur Anwendung kommen würde.

27. Nicht zu den steuerfreien Einnahmen gehören (Betriebs-
)Einnahmen für andere gewerbliche Tätigkeiten oder
auch **Zinseinnahmen**, die dem Gewerbebetrieb
zuzurechnen sind (§ 20 Abs. 8 EStG).

28. Die Gewinnermittlungspflicht besteht fort, wenn z. B. die
Photovoltaikanlage durch eine **gewerbliche GmbH**, eine
gewerbliche Personengesellschaft oder eine gewerblich
geprägte Personengesellschaft betrieben wird. Dies gilt
auch für einen Einzelunternehmer, der in seinem
Gewerbebetrieb nicht nur Einnahmen aus solarem
Stromverkauf erzielt; der teilweise Weiterverkauf von aus
dem Netz bezogenen Strom ist nicht nach § 3 Nr. 72 Satz
1 EStG befreit und suspendiert genauso wie
Zinseinnahmen für betrieblich begründete Forderungen
und Bankguthaben die Gewinnermittlungsbefreiung nach
§ 3 Nr. 72 Satz 2 EStG. Die Gewinnermittlungsbefreiung
kommt wegen der Anforderung, dass die Einnahmen
„insgesamt" steuerfrei sind, auch bei ganz **geringfügigen
anderen Einnahmen** nicht in Betracht.

… und führt zu einer zweistufigen Gewinnermittlung

29. Erzielt der PV-Betreiber Einnahmen, die nicht insgesamt
nach § 3 Nr. 72 Satz 1 EStG steuerfrei sind, dann sind die
Einkünfte aus Gewerbebetrieb in einer **zweistufigen
Gewinnermittlung** zu ermitteln. In der **ersten Stufe** sind
alle Betriebseinnahmen und Betriebsausgaben des
Gewerbebetriebes zu erfassen (auch die steuerfreien
Einnahmen und Ausgaben aus dem Betrieb der PV-

Anlage). In der **zweiten Stufe** erfolgt die Korrektur in Höhe der steuerfreien Einnahmen und Entnahmen (Abzug) als auch der nach § 3c Abs. 1 EStG dem Betriebsausgabenabzugsverbot unterliegenden Betriebsausgaben (Hinzurechnung).

Die formelle Gewinnermittlungsbefreiung

30. Die Escape-Klausel beschränkt die Steuerbefreiung pro Steuerpflichtigen oder Mitunternehmerschaft auf eine PV-Anlage oder eine Mehrheit von PV-Anlagen mit einer Bruttohöchstleistung von insgesamt 100 kW (peak). Durch die Grenze der Escape-Klausel kann sich ein **„fliegender harter Wechsel"** von steuerpflichtigen Einnahmen zu steuerfreien Einnahmen oder von steuerfreien Einnahmen zu steuerpflichtigen Einnahmen ergeben (so auch BMF-Schreiben vom 17.7.2023, Tz. 18). Gleiches gilt, wenn eine einzelne PV-Anlage erweitert oder verringert wird und hierdurch die 30 kWp bzw. 15 kWp-Grenze über- oder unterschritten wird.

31. Gehört die PV-Anlage zu einem **anderweitigen Betriebsvermögen**, sind die Einnahmen aus der Stromeinspeisung und die Veräußerung an Dritte steuerfrei. Soweit Betriebsausgaben auf die steuerfreien Einnahmen entfallen, sind diese nach § 3c Abs. 1 EStG nicht abzugsfähig. Soweit Betriebsausgaben auf den Strom entfallen, der eigenbetrieblich genutzt wird, kommt das Betriebsausgabenabzugsverbot nach § 3c Abs. 1 EStG nicht in Betracht. Nach dem BMF-Schreiben vom 17.7.2023, Tz. 24, gilt dieses Abzugsverbot nur bis zur Höhe der (steuerfreien) Einnahmen und Entnahmen.

Soweit sich aus der Einspeisung ein Verlust ergibt, bleibt dieser über die Verwaltungsanweisung abzugsfähig.

... ist von der Steuerbefreiung losgelöst und kann keine materielle Auswirkung haben

32. In all den vorgenannten Fällen, in denen die Befreiung von der Gewinnermittlung nach § 3 Nr. 72 Satz 2 EStG ausscheidet, entfällt die Begründung, mit der die Finanzbehörden die Rückgängigmachung des Investitionsabzugsbetrages rechtfertigen. **Die Vorschrift zur Befreiung von der Gewinnermittlung nach § 3 Nr. 72 Satz 2 EStG kann eine Rückgängigmachung eines Investitionsabzugsbetrages, der gewinnmindernd in der Zeit vor dem 1. Januar 2022 abgezogen wurde, nicht rechtfertigen. Es handelt sich um eine begünstigende begleitende Vorschrift zur Vereinfachung und die Zufälligkeit der Befreiung von der Gewinnermittlung kann nicht über die materielle Rückgängigmachung eines Investitionsabzugsbetrages entscheiden.**

Die Gewinnermittlungsbefreiung ist suspendiert

33. Die Befreiung von der Gewinnermittlung nach § 3 Nr. 72 Satz 2 EStG kommt aber bereits für alle PV-Betreiber nicht in Betracht, die einen Investitionsabzugsbetrag bis zum 31.12.2021 abgezogen haben und diesen nach Anschaffung der PV-Anlage nach § 7g Abs. 2 Satz 1 EStG hinzurechnen wollen.

… wegen der steuerpflichtigen Hinzurechnung

34. Nach Tz. 25 des BMF-Schreibens vom 17.7.2023 gehört die **Hinzurechnung nach § 7g Abs. 2 Satz 1 EStG nicht unter die Steuerbefreiung nach § 3 Nr. 72 Satz 1 EStG.** Diese rechtliche Wertung für Photovoltaikanlagen in „anderweitigem Betriebsvermögen" gilt auch für PV-Betriebe, in denen ausschließlich steuerfreie Einnahmen aus begünstigen PV-Anlagen erzielt werden, denn der Begriff der steuerfreien Einnahmen aus dem Betrieb begünstigter PV-Anlagen nach § 3 Nr. 72 Satz 1 EStG ist betriebs- und branchenunabhängig.

35. Wenn die Finanzbehörden Investitionsabzugsbeträge rückgängig machen, die vor dem 1.1.2022 in Anspruch genommen und bis zum 31.12.2021 noch nicht gewinnwirksam hinzugerechnet wurden, und dies mit der Befreiung von der Gewinnermittlung nach § 3 Nr. 72 Satz 2 EStG begründen, dann wird verkannt, dass die **Hinzurechnung nach § 7g Abs. 3 Satz 1 EStG, die nicht nach § 3 Nr. 72 Satz 1 EStG steuerfrei ist, bereits die Befreiung von der Gewinnermittlung nach § 3 Nr. 72 Satz 2 EStG suspendiert.**

Rückgängigmachung von
Investitionsabzugsbeträgen im Jahr 2021

Rückgängigmachung bei fehlender Hinzurechnung

36. Ein bis zum 31.12.2021 abgezogener
    Investitionsabzugsbetrag ist nach § 7g Abs. 3 Satz 1 EStG
    rückgängig zu machen, wenn dieser nicht bis zum Ende
    des dritten auf das Wirtschaftsjahr des jeweiligen Abzugs
    folgenden Wirtschaftsjahr (3-jähriger
    Investitionszeitraum) nach § 7g Abs. 2 Satz 1 EStG
    hinzugerechnet wurde. Der PV-Betreiber ist daher im Jahr
    der Anschaffung oder Herstellung (2022 oder 2023)
    berechtigt und verpflichtet die Hinzurechnung in der
    Anlage EÜR zu erklären, wenn der Gewinn durch die
    Einnahmen-Überschussrechnung nach § 4 Abs. 3 EStG
    ermittelt wird. Unterlässt er die Hinzurechnung, vergisst
    er die Hinzurechnung oder folgt er der bisher vertretenen
    Auffassung der Finanzbehörden, wonach ein
    Gewinnvermittlungs*verbot* besteht, verliert er die
    Gewinnminderung im Abzugsjahr und der
    Investitionsabzugsbetrag ist rückgängig zu machen.

**... die bei einer EÜR mit AK/HStK-Absetzung nachgeholt
werden kann**

37. U. E. besteht keine zeitliche Begrenzung, die
    „außerbilanzielle"[14] Hinzurechnung zu erklären. Nach
    Bestandskraft der Steuerfestsetzung für das Jahr der
    Anschaffung oder Herstellung, ist die gewinnmindernde

---

[14] beim Investitionsabzugsbetrag werden die Begriffe
„innerbilanzielle" und „außerbilanzielle" Hinzurechnung und
Herabsetzung auch bei der Gewinnermittlung durch Einnahmen-
Überschussrechnung verwendet.

Herabsetzung der Anschaffungskosten nach § 7 Abs. 2
Satz 3 EStG bei der Gewinnermittlung durch Einnahmen-
Überschussrechnung nach § 4 Abs. 3 EStG im Rahmen des
Änderungsumfang nach § 177 AO zu berücksichtigen.
Wird der Gewinn durch Bilanzvergleich ermittelt, so ist
eine innerbilanzielle Gewinnänderung allerdings nach § 4
Abs. 2 Satz 2 EStG ausgeschlossen. Will ein
Steuerpflichtiger die Rückgängigmachung des
Investitionsabzugsbetrages nach § 7g Abs. 3 Satz 1 EStG
verhindern, muss er die Hinzurechnung im Jahr der
Anschaffung oder Herstellung erklärt haben oder
nacherklären.

Die große Frage

38. Die außerbilanzielle Hinzurechnungen nach § 7g Abs. 2
    Satz 1 EStG verhindert danach die Rückgängigmachung im
    Abzugsjahr (unabhängig davon, ob die PV-Anlage in
    einem ausschließlichen PV-Betrieb oder in einem
    anderweitigen Betriebsvermögen angeschafft wurde), **die
    Hinzurechnung ist allerding <u>nicht</u> nach § 3 Nr. 72 Satz 1
    EStG steuerfrei**. Fraglich ist, ob die gewinnmindernde
    Herabsetzung der Anschaffungs- oder Herstellungskosten
    nach § 7g Abs. 2 Satz 3 EStG, die nicht unter die Befreiung
    fallende Hinzurechnung neutralisiert, oder ob die
    (mögliche) Herabsetzung der Anschaffungs- oder
    Herstellungskosten nach § 7g Abs. 2 Satz 3 EStG unter das
    Abzugsverbot nach § 3c Abs. 1 EStG fällt. Nachdem die
    Herabsetzung der Anschaffungs- oder Herstellungskosten
    nach § 7g Abs. 2 Satz 3 EStG und die Hinzurechnung nach
    § 7g Abs. 2 Satz 1 EStG auf dem gleichen Ereignis
    beruhen, besteht m. E. der unmittelbare wirtschaftliche
    Zusammenhang mit steuerpflichtigen Einnahmen aus der

Rückgängigmachung von
Investitionsabzugsbeträgen im Jahr 2021

Hinzurechnung und das Abzugsverbot nach § 3c Abs. 1
EStG ist nicht anzuwenden.

**… nach dem unmittelbaren wirtschaftlichen Zusammenhang
zwischen Herabsetzung und Hinzurechnung**

39. Wenn der unmittelbare wirtschaftliche Zusammenhang
zwischen der Herabsetzung und Hinzurechnung verneint
werden würde, dann würde die (innerbilanzielle)
Gewinnminderung durch die Herabsetzung der
Anschaffungs- oder Herstellungskosten wie die laufende
Absetzung für Abnutzung mit steuerfreien Einnahmen
nach § 3 Nr. 72 Satz 1 EStG in unmittelbaren
wirtschaftlichen Zusammenhang stehen und zum
Abzugsverbot nach § 3c Abs. 1 EStG führen. In diesem Fall
würde dem PV-Betreiber der gewinnmindernde
Investitionsabzugsbetrag im Abzugsjahr erhalten bleiben
und muss die Hinzurechnung im Anschaffungsjahr
versteuern; dies würde nur zu Periodenverschiebungen in
der Besteuerung führen. Durch diese
Periodenverschieben könnten sich Progressionsvorteile
oder auch Progressionsnachteile ergeben; nachteilige
Auswirkungen könnten im Rahmen der Steuergestaltung
durch eine vorzeitige Rückgängigmachung nach § 7 Abs. 3
Satz 1, 2. HS EStG vermieden werden (freiwillige
Rückgängigmachung auch bei erfolgter Anschaffung oder
Herstellung).

… kann beim Eigentor der Finanzbehörden offenbleiben

40. Im Hinblick auf die Möglichkeit dieser rechtlichen
Bewertung, die von der Finanzverwaltung bisher nicht

kommuniziert wurde, hat der Autor bereits ab Anfang des Jahres 2023 empfohlen, eine Gewinnermittlung abzugeben und die IAB-Abwicklung durch außerbilanzielle Hinzurechnung und innerbilanzielle Herabsetzung der Anschaffungs- und Herstellungskosten im Jahr der Anschaffung oder Herstellung zu erklären. Die Finanzämter haben die Berücksichtigung der Einkünfte, oder bei einer Mitunternehmerschaft die Feststellung von Einkünften, abgelehnt, was sich in diesem Fall als „Eigentor" seitens der Finanzverwaltung herausstellen könnte. Soweit die Einbeziehung der Einkünfte aus der Hinzurechnung nach § 7g Abs. 2 Satz 1 EStG von den Finanzbehörden abgelehnt oder eine Feststellung durch einen ablehnenden Feststellungsbescheid verweigert wurde, verhindert die Bestandskraft eine nachträgliche Besteuerung. Ohne bestandskräftige Festsetzung oder Feststellung besteht bei dieser Betrachtung für die PV-Betreiber ein Besteuerungsrisiko, wenn die Finanzbehörde ihre bisherige Auffassung im Hinblick auf die Befreiung der Gewinnermittlung aufgibt und sich die hier dargestellten Möglichkeit der steuerpflichtigen Hinzurechnung und des fehlenden wirtschaftlichen Zusammenhangs zwischen Hinzurechnung und Herabsetzung der Anschaffungs- und Herstellungskosten zu eigen macht.

Unechte oder unzulässige echte Rückwirkung?

41. Bei dieser rechtlichen Bewertung besteht aus fiskalischer Sicht auch kein Risiko mehr für eine verfassungsrechtlich unzulässige echte Rückwirkung, da der Gewinn aus der Hinzurechnung im Kalenderjahr 2022 besteuert werden würde. Allerdings stellt sich die Frage der verfassungsrechtlichen Zulässigkeit aus einer sog. **„unechten Rückwirkung"**.

42. Wenn nach der bestehenden Rechtslage die begünstigte Gewinnermittlungsbefreiung nach § 3 Nr. 72 Satz 2 EStG als Gewinnvermittlungsverbot ausgelegt werden würde („ist kein Gewinn zu ermitteln"), so wäre die Rückgängigmachung eines Investitionsabzugsbetrages (z. B. im VZ 2021) aus **verfassungsrechtlichen Gründen wegen einer echten belastenden Rückwirkung** unzulässig. Auf Basis der am 21. Dezember 2022 in Kraft getretenen Steuerbefreiung, kann durch die gesetzgeberische **„Unmöglichkeit der Gewinnhinzurechnung"** kein belastender rückwirkender Eingriff, in den zum Zeitpunkt des Inkrafttretens des Gesetzes bereits abgelaufenen Veranlagungszeitraum 2021 erfolgen. Die durch das Jahressteuergesetz 2022 eingetretene unechte Rückwirkung für das Jahr 2022 wäre als **belastende echte Rückwirkung für das Jahr 2021** unzulässig. Dabei spielt es keine Rolle, dass durch das Jahressteuergesetz 2022 nicht die Vorschriften zum Investitionsabzugsbetrag nach § 7g EStG belastend verändert wurden, sondern die rückwirkende Belastung durch den Gesetzesreflex aus der neu eingeführten Steuerbefreiung nach § 3 Nr. 72 EStG entstanden ist.

Verlustverrechnungsverbot im Veranlagungszeitraum 2022

Statt einer eingeplanten Verlustverrechnung

43. Steuerpflichtige, die im Kalenderjahr 2022 eine PV-Anlage angeschafft haben und diese mit Gewinnerzielungsabsicht betreiben, konnten bis zum 29. November 2022 davon ausgehen, dass ein steuerlicher Verlust, der sich insbesondere durch die Berücksichtigung der laufenden (degressiven) AfA und der 20%igen-Sonder-AfA nach § 7g Abs. 5 EStG ergibt, einkommensteuerrechtliche Berücksichtigung findet.

... eine rückwirkende und zukünftige Steuerbefreiung mit Liquiditäts- und Zinsnachteil

44. Die vermeintlich positiv klingende Steuerbefreiung von Einnahmen und Entnahmen die nach dem 31. Dezember 2021 erzielt und getätigt werden, führt bei PV-Betreibern in der Folge durch das Ausgabenabzugsverbot nach § 3c Abs. 1 EStG für das Jahr 2022 zu einer **belastenden Steueränderung**, weil im Kalenderjahr 2022 eingetretenen Verluste einfachgesetzlich keine einkommensteuerrechtliche Berücksichtigung mehr finden können. Für die Steuerpflichtigen, die im Kalenderjahr 2022 eine PV-Anlage angeschafft haben („Jung"-PV-Betreiber) bewirkt das Jahressteuergesetz 2022 eine rückwirkende steuerbelastende Gesetzesänderung. Durch die rückwirkende einkommensteuerrechtliche Nichtberücksichtigung des Verlustes aus dem Jahr 2022 fehlt dem PV-Betreiber die einkalkulierte steuerliche Entlastung nach Abschluss der

Investitionsphase, welche bei vielen Investoren maßgeblich in die Liquiditätsplanung einbezogen wurde. Diese rückwirkende Belastung kann nicht damit gerechtfertigt werden, dass der PV-Betreiber in der Zukunft, genauso wie die Alt-Anlagenbetreiber, die Einnahmen steuerfrei erzielt. Der PV-Betreiber erleidet auf jeden Fall einen **Liquiditäts- und Zinsnachteil** und begründet damit die belastende Wirkung der Neuregelung[15].

… die verfassungsrechtliche Zweifel aufkommen lässt

45. Es stellt sich die Frage, ob die rückwirkende Steuerbefreiung von Einnahmen und Entnahmen nach § 3 Nr. 72 Satz EStG, die gleichzeitig das Betriebsausgabenabzugsverbot nach § 3c EStG begründet, verfassungsrechtlich zulässig ist.

46. Das Grundgesetz normiert ein ausdrückliches Rückwirkungsverbot nur für das Strafrecht (Art. 103 Abs. 2 GG). Außerhalb des Strafrechts beruht das grundsätzliche Verbot rückwirkender belastender Gesetze auf den grundrechtlich geschützten Interessen der Betroffenen sowie den Prinzipien der **Rechtssicherheit und des Vertrauensschutzes** (Art. 2 Abs. 1 i.V.m. Art. 20 Abs. 3 GG). Es schützt das Vertrauen in die Verlässlichkeit und Berechenbarkeit der unter der Geltung des Grundgesetzes geschaffenen Rechtsordnung und der auf ihrer Grundlage erworbenen Rechte. Wenn der Gesetzgeber die Rechtsfolge eines der Vergangenheit zugehörigen Verhaltens nachträglich belastend ändert, bedarf dies einer **besonderen Rechtfertigung** vor dem

---

[15] BVerfG vom 25.3.2021, Tz. 60 und 61

Rechtsstaatsprinzip und den Grundrechten des Grundgesetzes, unter deren Schutz Sachverhalte "ins Werk gesetzt" worden sind. Es würde Einzelne in ihrer Freiheit erheblich gefährden, dürfte die öffentliche Gewalt an ihr Verhalten oder an sie betreffende Umstände ohne Weiteres im Nachhinein belastendere Rechtsfolgen knüpfen, als sie zum Zeitpunkt ihres rechtserheblichen Verhaltens galten[16].

Echte Rückwirkung

47. Die Rechtsprechung unterscheidet zwischen der sog. **„echten Rückwirkung"** und der **„unechten Rückwirkung"** von belastenden Rechtsfolgen.

48. Im Steuerrecht liegt eine **„echte" Rückwirkung** dann vor, wenn der Gesetzgeber eine bereits entstandene Steuerschuld nachträglich abändert[17]. Für den Bereich des Einkommensteuerrechts bedeutet dies, dass die Änderung von Normen mit Wirkung für einen abgeschlossenen Veranlagungszeitraum der Kategorie der „echten" Rückwirkung zuzuordnen ist; denn nach § 38 AO i.V.m. § 36 Abs. 1 EStG entsteht die Einkommensteuer mit dem Ablauf des Veranlagungszeitraums, d.h. des Kalenderjahres (§ 25 Abs. 1 EStG)[18]. Eine belastende echte Rückwirkung ist **grundsätzlich verfassungsrechtlich unzulässig[19]**.

---

[16] stRspr; BVerfG, Beschluss vom 25.3.2021 2 BvL 1/11 zur rückwirkend angeordneten Verteilung von Erbbauzinsen
[17] BVerfG-Beschluss vom 10.10.2012 1 BvL 6/07, Tz. 44
[18] BFH-Urteil vom 30.06.2022 IV R 42/19, BStBl. II 2023, 118, IV.2.aa.
[19] BVerfG vom 10.10.2012 1 BvL 6/07, Tz. 52

… nicht im Veranlagungszeitraum 2022

49. Das Jahressteuergesetz 2022 ist am 21. Dezember 2022 in Kraft getreten. Nachdem die **Einkommensteuer für das Jahr 2022** mit Ablauf des 31. Dezember 2022 entsteht (§ 36 Abs. 1 EStG), liegt hinsichtlich des durch die Steuerbefreiung ausgelösten Betriebsausgabenabzugsverbots (§ 3c Abs. 1 EStG) mit Inkrafttreten am 21.12.2022 keine echte Rückwirkung vor.

… aber im Veranlagungszeitraum 2021

50. Eine echte und damit grundsätzlich unzulässige Rückwirkung liegt vor, wenn das Jahressteuergesetz 2022 mit Inkrafttreten am 21. Dezember 2022 die Einkommensteuer für das Kalenderjahr 2021 ändert, da die **Einkommensteuer für das Jahr 2021** mit Ablauf des Veranlagungszeitraums/Kalenderjahres – am 31. Dezember 2021 – entstanden ist und damit vor dem Inkrafttreten des Jahressteuergesetzes liegt. Die Befreiung von Einnahmen und Entnahmen nach § 3 Nr. 72 Satz 1 EStG gilt jedoch erst für Einnahmen und Entnahmen, die nach dem 31. Dezember 2021 erzielt oder getätigt werden (§ 52 Abs. 4 Satz 27 EStG, jetzt Satz 28). Die Befreiung von der Gewinnermittlung nach § 3 Nr. 72 Satz 2 EStG gilt als notwendige Folge der Befreiung der Einnahmen und Entnahmen von der Einkommensbesteuerung ebenfalls ab dem Veranlagungszeitraum 2022. Nachdem die Finanzbehörden die Rückgängigmachung eines Investitionsabzugsbetrages, der bis zum 31. Dezember 2021 noch nicht gewinnwirksam hinzugerechnet wurde,

mit der Befreiung von der Gewinnermittlung nach § 3 Nr. 72 Satz 2 EStG und damit die Unmöglichkeit einer Hinzurechnung begründet, führt die ab 2022 eingeführte Steuerbefreiung zu einer rückwirkenden Änderung der Einkommensteuer 2021 und damit zu einer echten Rückwirkung die bei Belastung unzulässig ist.

Unechte Rückwirkungen

51. Soweit belastende Rechtsfolgen einer Norm erst nach ihrer Verkündung eintreten (wie hier die Steuerentstehung am 31.12.2022 nach der Verkündung am 20.12.2022 und dem Inkrafttreten am 31.12.2022), tatbestandlich aber von einem bereits ins Werk gesetzten Sachverhaltes ausgelöst werden („tatbestandliche Rückanknüpfung"), liegt eine **„unechte" Rückwirkung** vor. Anders als eine echte Rückwirkung ist eine solche unechte Rückwirkung nicht grundsätzlich unzulässig, denn die Gewährung vollständigen Schutzes zugunsten des Fortbestehens der bisherigen Rechtslage würde den, dem Gemeinwohl verpflichteten Gesetzgeber in wichtigen Bereichen lähmen und den Konflikt zwischen der Verlässlichkeit der Rechtsordnung und der Notwendigkeit ihrer Änderung im Hinblick auf einen Wandel der Lebensverhältnisse in nicht mehr vertretbarer Weise zu Lasten der Anpassungsfähigkeit der Rechtsordnung lösen[20]. Der verfassungsrechtliche Vertrauensschutz geht insbesondere nicht so weit, den Staatsbürger vor jeder Enttäuschung zu schützen. Soweit nicht besondere Momente der Schutzwürdigkeit hinzutreten, genießt die bloß allgemeine Erwartung, das geltende Recht werde

---

[20] BVerfG, Beschluss vom 25.3.2021 2 BvL 1/11

zukünftig unverändert fortbestehen, keinen besonderen verfassungsrechtlichen Schutz[21].

... haben hohe Anforderungen

52. Auch wenn in den Fällen unechter Rückwirkung der Vertrauensschutz - anders als bei der echten Rückwirkung - nicht regelmäßig Vorrang hat, bedürfen belastende Wirkungen einer Enttäuschung schutzwürdigen Vertrauens hier stets einer hinreichenden Begründung nach den Maßstäben der Verhältnismäßigkeit. **Der PV-Betreiber als Normadressat muss eine Enttäuschung seines Vertrauens in die alte Rechtslage über die Verlustverrechnung nur hinnehmen, soweit dies aufgrund besonderer, gerade die Rückanknüpfung rechtfertigender öffentlicher Interessen unter Wahrung der Verhältnismäßigkeit gerechtfertigt ist.** Wäre dies anders, so fehlte den Normen des Einkommensteuerrechts als Rahmenbedingung wirtschaftlichen Handelns ein **Mindestmaß an grundrechtlich und rechtsstaatlich gebotener Verlässlichkeit**[22].

53. Wenn das Jahressteuergesetz 2022 mit dem Inkrafttreten am 21. Dezember 2022 rückwirkend für das Jahr 2022 gegenüber dem Steuerpflichtigen ein Betriebsausgabenverbot für alle Aufwendungen ab dem 1. Januar 2022 und damit ein Verlustverrechnungsverbot anordnet, dann ist nach der ständigen Rechtsprechung zu prüfen, ob das rückwirkende Betriebsausgabenabzugsverbot und das rückwirkende

---

[21] BVerfG, Beschluss vom 25.3.2021 2 BvL 1/11
[22] BVerfG, Beschluss vom 25.3.2021 2 BvL 1/11

Verlustverrechnungsverbot vom Steuerpflichtigen, in diesem Fall dem PV-Betreiber, hinzunehmen ist, weil die Rückanknüpfung die öffentlichen Interessen des Gesetzgebers rechtfertigen. Es ist also zu Fragen und zu prüfen, welche **Vorteile und öffentliche Interessen für die rückwirkende Steuerbefreiung bestehen, die es rechtfertigen, das Vertrauen des PV-Betreibers in die geltende Rechtslage im Zeitpunkt der Investitionsentscheidung zu enttäuschen**. Nur wenn überhaupt Vorteile und öffentliche Interessen identifiziert werden können, wegen derer 10 Tage vor Ablauf des Kalenderjahres rückwirkend das Gesetz für die abgelaufenen 355 Tage geändert wurde, so ist die Verhältnismäßigkeit zur Rechtfertigung der Enttäuschung des schutzwürden Vertrauens festzustellen.

... und müssen der Verhältnismäßigkeitsprüfung standhalten

54. Der Gesetzgeber hat anerkannt, dass die Installation von Photovoltaikanlagen insbesondere auf Wohngebäuden zu einer Beschleunigung der Energiewende und des Ausbaus der erneuerbaren Energien einen erheblichen Beitrag leisten. In der Praxis werden die Installationen von Photovoltaikanlagen jedoch häufig durch bürokratische Hürden erschwert. Durch die gesetzliche Neuregelung sollte eine **Verminderung der Bürokratie** erreicht werden., **Insbesondere sollten die mit der Installation von Photovoltaikanlagen verbundenen steuerlichen Pflichten, abgebaut werden** (vgl. Gesetzesentwurf der Bundesregierung BT-Dr. 20/3879, S. 87).

Die rückwirkende Befreiung ...

55. Das Jahressteuergesetz 2022 vom 20.12.2022, welches am 21.12.2022 in Kraft getreten ist und ein rückwirkendes Betriebsausgabenabzugsverbot und Verlustverrechnungsverbot für 2022 begründet, **ist verfassungsrechtlich unzulässig, weil öffentliche Interessen des Gesetzgebers, die eine belastende Rückwirkung begründen können, nicht bestehen.**

... findet keine Rechtfertigung

56. Das Ziel der Gesetzesänderung und das öffentliche Interesse des Gesetzgebers war es, die Installation von Photovoltaikanlagen und die Energiewende durch den Abbau von bürokratischen Hürden und steuerlichen Pflichten zu beschleunigen. Leider hat der Regierungsentwurf vom 14.9.2022 wie bereits dargestellt zu einer Entschleunigung statt zu einer Beschleunigung geführt, weil der Nullsteuersatz in der Umsatzsteuer erst ab dem 1. Januar 2023 vorgesehen und so auch eingeführt wurde. Durch eine rückwirkende Befreiung von Einnahmen können keine bürokratischen Hürden und steuerliche Pflichten rückwirkend beseitigt werden, denn im Zeitpunkt der Verkündung des Gesetzes hatte der PV-Betreiber die bürokratischen Hürden bereits gemeistert und auch z. B. die steuerlichen Pflichten z. B. aus der notwendigen Anzeige der Erwerbstätigkeit nach § 138 AO bereits erfüllt[23]. Auch musste der PV-Betreiber den

---

[23] Diese Verpflichtung besteht gesetzlich auch heute noch. Erst durch das BMF-Schreiben vom 12.6.2023, BStBl. 2023 I S. 990 wurde ebenfalls wieder rückwirkend ab dem 1. Januar 2023 auf Verwaltungsebene auf die Anzeigepflicht verzichtet.

Verzicht auf die Kleinunternehmerregelung erklären, zur Regelbesteuerung optieren und die Vorsteuer über die Umsatzsteuer-Voranmeldungen geltend machen, wenn er denn die Möglichkeit der Entlastung von der Umsatzsteuer – wie üblich – in Anspruch genommen hat. Eine Beschleunigung hätte erreicht werden können, wenn der Nullsteuersatz z. B. ab dem 15.9.2022 vorgesehen oder angekündigt worden wäre. **Es bleibt die Frage offen, wie die rückwirkende Steuerbefreiung in der Einkommensteuer zur Beschleunigung des Ausbaus der erneuerbaren Energie und der Energiewende beigetragen hat.** Ein sachlicher Grund, der es rechtfertigt, den Vertrauensschutz der PV-Betreiber aufzuheben, besteht nicht; zumindest blieben auch alle diesbezüglichen Anfragen des Autors an das Bundesfinanzministerium und die Regierungsparteien unbeantwortet.

... ist verfassungsrechtlich unzulässig.

57. Die verfassungsrechtliche Unzulässigkeit der rückwirkenden Steuerbefreiung begründet die Forderung zur Feststellung der teilweisen Nichtigkeitserklärung (§ 82 Abs. 1 i. V. m. § 78 BVerfGG). Einer bloßen Unvereinbarkeitserklärung (§ 79 BVerfGG) bedarf es nicht, zumal der Gesetzgeber in seiner Großzügigkeit den „Alt-PV-Betreibern" unerwartete Steuergeschenke zum Weihnachtsfest 2022 beschert hat.

... mit folgenden Auswirkungen

58. Die verfassungsrechtliche Unzulässigkeit der rückwirkenden Steuerbefreiung und in der Folge des Betriebsausgabenabzugs- und Verlustverrechnungsverbotes hat auf die PV-Betreiber, abhängig vom Zeitpunkt der Beauftragung und der Investition folgende Auswirkungen:

    a. PV-Betreiber, die **bis zum 29. November 2022** eine PV-Anlage angeschafft haben, verdienen hinsichtlich ihrer Disposition zur Investition der PV-Anlage uneingeschränkten Schutz, wonach die Verluste im Veranlagungszeitraum 2022 einkommensteuerrechtliche Berücksichtigung finden müssen. Die Einnahmen und Ausgaben sind dann vom zeitlichen Anwendungsbereich des § 3 Nr. 72 EStG nicht erfasst und die Verluste sind bei der Festsetzung der Einkommensteuer zu berücksichtigen. Wird die PV-Anlage von einer Mitunternehmerschaft betrieben, sind die Einkünfte (Verluste) festzustellen.

    b. PV-Betreiber, die einen **Investitionsabzugsbetrag im Veranlagungszeitraum 2021** abgezogen haben – der Abzug im Veranlagungszeitraum 2021 setzt die Betriebseröffnungsphase voraus – und die PV-Anlage im Jahr 2022 angeschafft haben, verdienen hinsichtlich ihrer Disposition ebenfalls uneingeschränkten Schutz, die Verluste im VZ 2022 einkommensteuerrechtlich zu berücksichtigen. Eine Rückgängigmachung des Investitionsabzugsbetrages im Jahr 2021 scheidet aus, wenn der PV-Betreiber die notwendige

Gewinnhinzurechnung nach § 7g Abs. 2 Satz 1 EStG vorgenommen hat.

c. PV-Betreiber die einen **Investitionsabzugsbetrag im Veranlagungszeitraum 2021** abgezogen haben, die PV-Anlage bis zum 29. November 2022 bestellt hatten und die PV-Anlage erst im Jahr 2023 geliefert bekommen haben, können die Verluste, die sich durch die AfA und Sonder-AfA ergeben, nicht mehr geltend machen. Der Investitionsabzugsbetrag ist nicht grundsätzlich rückgängig zu machen; die Gewinnminderung und der Investitionsabzugsbetrag bleiben erhalten, soweit eine Gewinnhinzurechnung nach § 7g Abs. 2 Satz 1 EStG im Jahr der Anschaffung 2023 erfolgt ist.

d. PV-Betreiber, die **bis zum 14. September 2022** die PV-Anlage beauftragt und ggf. auch schon Vorauszahlungen an den Solarteur geleistet haben, durften aufgrund der aktuellen Gesetzeslage bei der Beauftragung von der Verlustverrechnung im Veranlagungszeitraum 2022 ausgehen und konnten auch die Möglichkeit des Abzuges eines Investitionsabzugsbetrages einkalkulieren, wenn die Lieferung der PV-Anlage nach dem 31. Dezember 2022 geplant oder vorgesehen war[24].

---

[24] Spontaninvestitionen werden nach § 7g Abs. 1 EStG nicht begünstigt. Daher muss die Anschaffung in einem Veranlagungszeitraum nach Abzug des Investitionsabzugsbetrage erfolgen.

e. Offen bleibt, ob PV-Betreiber, die **ab dem 14. September 2022** die PV-Anlage beauftragt haben, noch von einem Abzug eines Investitionsabzugsbetrages ausgehen durften und die Disposition des Steuerpflichtigen dann noch uneingeschränkten Schutz verdient. Einerseits stand mit dem Regierungsentwurf die Steuerbefreiung und das Betriebsausgabenabzugsverbot ab dem 1.1.2023 im Raum, andererseits hatte der Gesetzesentwurf keine Einschränkungen zum Abzug eines Investitionsabzugsbetrag vorgesehen. Eine klarstellende und sinnvolle Regelung, wonach für eine nach § 3 Nr. 72 EStG begünstigte Anlage kein Abzug eines Investitionsabzugsbetrages bzw. für eine begünstigte PV-Anlage nach § 3 Nr. 72 EStG keine Gewinnhinzurechnung nach § 7g Abs. 2 Satz 1 EStG erfolgen kann[25] wäre wünschenswert gewesen[26].

f. PV-Betreiber, die **ab dem 30. November 2022** die PV-Anlage beauftragt haben, können im Veranlagungszeitraum 2022 keine laufenden Betriebsausgaben mehr abziehen. Der Abzug eines Investitionsabzugsbetrages für einen PV-Betreib, der nur begünstigte PV-Anlagen betreibt, genauso zweifelhaft wie der Gesetzestext[27]. Dem Gesetz fehlt die Einschränkung, dass die

---

[25] Nach dem Vorbild des Hinzurechnungsverbotes nach § 7g Abs. 2 Satz 2 EStG beim Abzug von Investitionsabzugsbeträgen nach Eintritt der Unanfechtbarkeit
[26] Eine solche gesetzliche Ergänzung hat auch heute noch – bei Beibehaltung des Freistellungsmodells - seine Daseinsberechtigung, da Investitionsabzugsbeträge wirtschaftsgutunabhängig sind.
[27] Der Investitionsabzugsbetrag ist wirtschaftgutunabhängig.

Gewinnhinzurechnung nicht für eine nach § 3 Nr. 72 EStG begünstigte PV-Anlage erfolgen kann; ohne nachfolgende Hinzurechnung verliert sich der Reiz des Abzugs eines Investitionsabzugsbetrages. Die Gewinnermittlungsbefreiung kann den Abzug aus oben genannten Gründen nicht verhindern.

Gewinnerzielungsabsicht vs. Liebhaberei positive Totalgewinnprognose

Einmal gewerbliche Einkünfte

59. Die einkommensteuerrechtliche Berücksichtigung von Verlusten aus dem Abzug eines Investitionsabzugsbetrag (z. B. in 2021) oder aus dem laufenden Betrieb einer Photovoltaikanlage, insbesondere durch die im Jahr 2022 mögliche degressive AfA und die Sonder-AfA nach § 7g Abs. 5 EStG, können nur beansprucht werden, wenn diese aus einem **Gewerbebetrieb i. S. von § 15 Abs. 1 Satz 1 Nr. 1 EStG** erwachsen sind. Dies erfordert nach § 15 Abs. 2 EStG eine selbständige und nachhaltige Betätigung, die mit der Absicht, Gewinne zu erzielen, unternommen wird. Fehlt eine solche Gewinnerzielungsabsicht, liegt eine steuerlich unbeachtliche private Tätigkeit und damit ein sog. „Liebhabereibetrieb" vor.

… für eine Verlustverrechnung trotz zukünftiger Steuerbefreiung

60. Durch den **harten Wechsel** zur Steuerbefreiung zum Stichtag 1.1.2022 (bei Feststellung der Verfassungswidrigkeit zum 1.1.2023) tritt eine paradoxe Situation ein und es findet ein Rollentausch zwischen Steuerpflichtigen und den Finanzbehörden statt. Die PV-Betreiber müssen und wollen sämtliche gewinnerhöhenden Vorgänge über Betriebseinnahmen berücksichtigen und die Betriebsausgaben so gering wie möglich halten, um ggf. nur einmalig die Gewinnerzielungsabsicht darstellen zu müssen. Die Finanzbehörden versuchen kontrovers die Betriebseinnahmen und alle damit verbundenen

möglichen Risiken und Aufwendungen auszublenden, die
gegen die Gewinnerzielungsabsicht und somit für die
Anwendung des § 3 Nr. 72 EStG zur Steuerfreiheit von
Einkünften aus dem Betrieb einer PV-Anlage sprechen.
Die Gewinnerzielungsabsicht muss nur eine kurze
Haltbarkeit haben, denn in der Zukunft spielen, aufgrund
der Befreiung der Einnahmen und Entnahmen später
eintretende negative oder positive Faktoren keine Rolle
mehr.

Die Totalgewinnerwartung

61. Die Gewinnerzielungsabsicht als Merkmal eines
gewerblichen Unternehmens im Sinne des § 15 Abs. 1
Satz 1 Nr. 1 Satz 1 EStG ist das Streben nach
Betriebsvermögensmehrung in Gestalt eines
Totalgewinns im Sinne des Gesamtergebnisses des
Betriebs von der **Gründung bis zur Veräußerung, Aufgabe
oder Liquidation**[28]. Dies erfordert eine in die Zukunft
gerichtete und langfristige Beurteilung, wobei alle
Umstände des Einzelfalles zu berücksichtigen sind. Als
innere Tatsache lässt sich die Gewinnerzielungsabsicht
nur anhand äußerer Umstände feststellen[29].

62. Die Gewinnerzielungsabsicht ist grundsätzlich **zweistufig**
zu prüfen. Sie besteht aus einer (1) Ergebnisprognose und
(2) der Prüfung der einkommensteuerrechtlichen
Relevanz der Tätigkeit. Bei einer positiven

---

[28] BFH vom 25.6.1984, GrS 4/82, BStBl. 1984 II 751, BFH-Urteil vom
19.11.1985 VIII R 4/83, BStBl. 1986 II S. 289, unter 2a
[29] Beschluss des Großen Senats des BFH vom 25.06.1984 GrS 4/82,
BFHE 141, 405, BStBl II 1984, 751

Gewinnerzielungsabsicht vs. Liebhaberei, positive
Totalgewinnprognose

Ergebnisprognose ist die Gewinnerzielungsabsicht und
der Feststellung folgend, Einkünfte aus Gewerbebetrieb
zu bejahen, Verluste werden bei der
Einkommensermittlung gleichermaßen berücksichtigt.
Nach einer negativen Ergebnisprognose ist die
einkommensteuerrechtliche Relevanz der Tätigkeit zu
prüfen. Bei einem PV-Betreiber mit einer
Überschussanlage auf dem Einfamilienhaus (ohne weitere
Stromverkäufe) führt dies regelmäßig zum Fehlen der
Gewinnerzielungsabsicht und der Versagung der
Verlustverrechnungsmöglichkeit. Die PV-Anlage wird in
diesem konkreten Fall aus einkommensteuerrechtlich
unbeachtlichen Motiven betrieben, nämlich im Hinblick
auf die Möglichkeit des Verbrauchs des produzierten
Stroms im eigenen Haushalt und der damit verbundenen
Kostenersparnis gegenüber dem Strombezug vom
Netzbetreiber. Es handelt sich um einen persönlichen und
außerhalb der steuerlich relevanten Einkunftssphäre
liegenden Grund, denn der private Stromverbrauch und
die hierfür aufgewendeten Kosten betreffen die private
Lebensführung, welche nach § 12 Satz 1 Nr. 1 EStG[30]
ohnehin im Rahmen der Einkommensteuer nicht
abzugsfähig sind.

63. Die Feststellung der Gewinnerzielungsabsicht verlangt
eine **Ergebnisprognose** (1. Stufe) über den, während der
gesamten betrieblichen Tätigkeit erzielbaren **Totalgewinn**
[31]. Als Totalgewinn wird das positive Gesamtergebnis des
Betriebes von der Gründung bis zur Veräußerung,
Aufgabe oder Liquidation bezeichnet.

---

[30] FG BaWü, Urteil vom 21.7.2023, 2 c) aa)
[31] BFH-Urteil vom 31. Juli 2002 X R 48/99, BStBl. II 2003 II S. 282

Gewinnerzielungsabsicht vs. Liebhaberei, positive
Totalgewinnprognose

… bei der Investitionsentscheidung

64. Die sog. Totalgewinnprognose ist grundsätzlich zum
Zeitpunkt der Investitionsentscheidung anzustellen[32].
Bei dem Abzug eines Investitionsabzugsbetrages oder von
vorab entstandenen Aufwendungen ist davon
abweichend bereits zum **Abzugszeitpunkt** eine positive
Totalgewinnprognose erforderlich.

… beim Abzug eines Investitionsabzugsbetrages

65. Der Investitionsabzugsbetrag für einen **noch nicht
eröffneten Betrieb** setzt neben der
Gewinnerzielungsabsicht im Abzugszeitpunkt zusätzlich
voraus, dass sich dieser in der **Eröffnungsphase** befindet.
Die Betriebseröffnungsphase beginnt in dem Zeitpunkt, in
dem der Steuerpflichtige erstmals Tätigkeiten ausübt, die
objektiv erkennbar auf die Vorbereitung der
beabsichtigten betrieblichen Tätigkeit gerichtet sind.[33]
PV-Betreiber müssen in Zweifelsfällen die
Betriebseröffnungsabsicht glaubhaft machen. Erfolgte die
Bestellung der Anlage bis zum Ablauf des
Veranlagungszeitraums, in dem der
Investitionsabzugsbetrag abgezogen wurde, bestehen
keine Zweifel. Die Finanzverwaltung erkennt als Indizien
für eine Eröffnungsphase eine Gewerbeanmeldung,
beantragte Kredite, vorliegende Kostenvoranschläge oder
auch die Belastung von Aufwendungen an (BMF-

---

[32] FG BaWü, Urteil 5 K 1120/22 vom 21.7.2023, unter 1g, FG BaWü,
Urteil 10 K 646/22 vom 13.11.2023, Tz. 57
[33] BFH-Urteil vom 9. Februar 1983, BStBl. II S. 451

Gewinnerzielungsabsicht vs. Liebhaberei, positive
Totalgewinnprognose

Schreiben vom 20.03.2017, Tz. 3). Der Abzug eines
Investitionsabzugsbetrag scheitert aus rechtlichen
Gründen in vielen Fällen im Veranlagungszeitraum 2021
bereits daran, dass der PV-Betreiber erst anlässlich des
russischen Angriffskrieges ab dem 24. Februar 2022 sich
mit der Frage der Anschaffung einer Photovoltaikanlage
beschäftigt hat.

… umfasst zukünftige Einnahmen und Ausgaben

66. **Zukünftig eintretende Faktoren** sind in die Beurteilung
nur einzubeziehen, wenn sie bei objektiver Betrachtung
vorhersehbar waren.[34] Hat der PV-Betreiber die konkrete
und plausible Absicht in der Zukunft solaren Strom an
Dritte zu verkaufen, so sind die Betriebseinnahmen
hieraus in der Totalgewinnprognose zu berücksichtigen.
Insbesondere die Betriebseinnahmen aus dem geplanten
und zukünftigen Stromverkauf an Mieter, auch im
eigengenutzten Haus (Mieterstrom) sind zu
berücksichtigen. Auch Stromverkäufe an den Ehegatten,
der einen eigenen Gewerbebetrieb betreibt, sind nicht
erst beim tatsächlichen späteren Verkauf zu
berücksichtigen, sondern ab dem Zeitpunkt, in dem der
Stromverkauf geplant war.

67. Wenn im Zeitpunkt der Anschaffung der PV-Anlage kein
Stromverkauf an Dritte geplant war, dann kann die PV-
Anlage zu Beginn in der Liebhaberei betrieben werden
und später, bei geänderter konkreter Absicht auch Strom

---

[34] BFH-Urteil vom 6. November 2001 IX R 97/00, BStBl. 2002 II S.
726, Tz. 18; BMF-Schreiben vom 8. Oktober 2004, IV C 3-S 2253-
91/04, BStBl. 2004 I S.933, Tz. 33).

Gewinnerzielungsabsicht vs. Liebhaberei, positive
Totalgewinnprognose

zu verkaufen, von der Liebhaberei in einen
Gewerbebetrieb übergehen. Genauso kann eine
ursprüngliche gewerbliche Betätigung in eine Liebhaberei
übergehen[35], wenn zukünftig der erzeugte Strom nur
noch eingespeist und selbst verbraucht werden soll.

… im Prognosezeitraum von 30 Jahren

68. Ob ein Totalgewinn erzielt wird, ist für den Zeitraum von
der Gründung bis zur Liquidation des Betriebes zu
betrachten; die Gesamtlebensdauer des Betriebes ist
maßgebend. Als **Prognosezeitraum** wird in der
Finanzrechtsprechung bisher ein Zeitraum von 20 Jahren
berücksichtigt[36]. Dies wird in den Entscheidungen des FG
Baden-Württemberg mit zwei Argumenten begründet,
und zwar zum einen mit der betriebsgewöhnlichen
Nutzungsdauer der PV-Anlagen als wesentliche Grundlage
eines gewerblichen PV-Betriebes und zum anderen auch
weil die Steuerpflichtigen die PV-Anlage in der
Gewinnermittlung auf 20 Jahre abgeschrieben haben.

69. Die **betriebsgewöhnliche Nutzungsdauer** wird in den
amtlichen AfA-Tabellen zumindest ab 1997 mit einer
Nutzungsdauer von 20 Jahren berücksichtigt. Die
Hersteller von Solarpaneelen gewähren heute
zwischenzeitlich eine Herstellergarantie von 30 Jahren
und eine Leistungsgarantie für die Module von z. B. 85 %
nach 30 Jahren. Die Module wurden früher in einer Glas-

---

[35] BFH vom 25.6.1984 GrS 4/82, BStBl. 1984 II S. 751, 767, FG
Münster vom 7.5.2002 1 K 3882/00 E, EFG 2002 S. 1157
[36] FG BaWü, Urteil vom 21.7.2023, 1c; FG BaWü, Urteil 10 K 646/22
vom 13.11.2023, Tz. 57

Folien-Kombination gefertigt und hatten insbesondere
dadurch ein witterungsbedingte viel kürzere technische
Nutzbarkeit und Lebensdauer. Die Ausführung in der
Glas-Glas-Kombination verhindert das „Aufgefrieren" der
Paneele und verlängert dadurch die technisch mögliche
Nutzungsdauer. Nachdem durch die Hersteller den
Solarmodulen eine Nutzungs- und Leistungsdauer von 30
Jahren zugesagt wird, muss die technische Nutzungsdauer
ebenfalls kongruent mit mindestens 30 Jahren
angenommen werden. Auch das Fraunhofer-Institut geht
zwischenzeitlich von einer Nutzungsdauer von
mindestens 30 Jahren aus[37]. Die Solarmodule unterliegen
auch keiner kürzeren wirtschaftlich Nutzungsdauer. Der
Prognosezeitraum ist aufgrund der anzunehmenden
technischen und wirtschaftlichen Nutzungsdauer der
Solarmodule, die den wesentlichen Teil der
Photovoltaikanlage ausmachen, mit einem Zeitraum von
30 Jahren zu bestimmen.

70. Den Prognosezeitraum im Hinblick auf die vom
Steuerpflichtigen vorgenommenen AfA auf Basis der
amtlichen AfA-Tabellen auf 20 Jahre zu beschränken, lässt
sich argumentativ nicht rechtfertigen. Die **AfA-Tabellen**
haben den Zweck die Einheitlichkeit der Verwaltung zu
sichern und eine größere Gleichmäßigkeit der
Besteuerung zu erreichen[38]. Es ist realitätsfern
anzunehmen, dass der Steuerpflichtige für die Ermittlung
der AfA in der Gewinnermittlung eine längere, als in den
AfA-Tabellen angegebene Nutzungsdauer berücksichtigt,
da die Finanzbehörden nicht gegen die mit den AfA-
Tabellen übereinstimmende Schätzung des

---

[37] FG BaWü, Urteil vom 13.11.2023 10 K 646/22 vom 13.11.20237
[38] Nds. FG vom 9.7.20214 9 K 98/14, EFG 2014, 1780, Tz. 31

Gewinnerzielungsabsicht vs. Liebhaberei, positive
Totalgewinnprognose

Steuerpflichtigen abweichen dürfen[39]. Der PV-Betreiber
ist u. E. auch nicht daran gehindert, bei der Ermittlung der
Einkünfte für 2022 (unabhängig davon, ob diese
steuerfrei sind oder nicht) die geringere Nutzungsdauer
von 20 Jahren entsprechend der amtlichen AfA-Tabelle
zugrunde zu legen. Um diesbezügliche Diskussionen über
die Nutzungsdauer von PV-Anlagen zu vermeiden, kann
der PV-Betreiber die AfA auf Basis einer Nutzungsdauer
von 30 Jahren erklären.

71. Sollte im Hinblick auf einen **Vergütungszeitraum aus dem
EEG** von 20 Jahren der Prognosezeitraum durch die
Finanzbehörden oder die Gerichtsbarkeit trotzdem auf 20
Jahre beschränkt werden[40], dann sind in der
Totalgewinnprognose die Aufwendungen für die
Absetzung für Abnutzung auf 30 Jahre zu ermitteln.

---

[39] FG NS, Urteil vom 9.7.2014 9 K 98/14, EFG 2014, 1780, Tz. 31
[40] Bei den Einkünften aus Vermietung und Verpachtung hat der
Bundesfinanzhof den Prognosezeitraum auf abstrakt 30 Jahre
festgelegt (BFH-Urteil vom 6.11.2001 IX R 97/00, BStBl. 2000 II S.
726), BFH Urteil v. 20.06.2023 - IX R 17/21 BStBl. 2024 II S. 35

Gewinnerzielungsabsicht vs. Liebhaberei, positive
Totalgewinnprognose

… (keine) Kosten für den Batteriespeicher

72. Bei der Bemessungsgrundlage für die AfA sind die **Kosten
für den Batteriespeicher** dann nicht zu berücksichtigen,
wenn der Batteriespeicher nur dazu dient, Strom für den
Selbstverbrauch zu speichern. Der Stromspeicher gehört
in diesem Fall – unabhängig von der Frage, ob er zeitlich
mit der PV-Anlage oder nachträglich angeschafft wurde –
nicht zu den Komponenten der PV-Anlage, da der
Stromspeicher nicht der Produktion des Solarstrom dient,
sondern nur der (Zwischen-)Speicherung für den späteren
Selbstverbrauch[41]. Die Sachentnahme erfolgt bereits im
Zeitpunkt der Speicherung des Stroms in der Batterie und
nicht erst im Zeitpunkt der Entnahme aus dem
Batteriespeicher. Die Nichtberücksichtigung der Kosten
für den Batteriespeicher kann dem einzelnen PV-
Betreiber für die Darstellung des für die
Verlustverrechnung notwendigen Totalgewinns helfen,
andererseits fehlen insoweit Anschaffungs- oder
Herstellungskosten in nicht ganz unerheblichem Maß für
die Hinzurechnung eines vorherigen
Investitionsabzugsbetrages nach § 7g Abs. 2 Satz 1 EStG,
wenn bei der Bestimmung des Abzugsbetrag nach § 7g
Abs. 1 Satz 1 EStG auch die Kosten für den
Batteriespeicher mit einbezogen wurden.

73. Wird in dem Batteriespeicher auch Strom gespeichert,
der später eingespeist, an Angehörige oder an fremde
Dritte verkauft wird, dann kann abhängig von der
Nutzung des Stromspeichers notwendiges oder
gewillkürtes Betriebsvermögen vorliegen. In diesem Fall

---

[41] zum Vorsteuerabzug für den Einbau eines Batteriespeichert, FG
BaW, Urteil vom 19.2.2020 12 K 418/18

Gewinnerzielungsabsicht vs. Liebhaberei, positive
Totalgewinnprognose

sind die Kosten in die Totalgewinnprognose
einzubeziehen und ein Investitionsabzugsbetrag kann
auch für die Anschaffungs- oder Herstellungskosten des
Batteriespeichers „verbraucht" werden.

… Einnahmen aus Einspeisung und Entnahme

74. Die **Betriebseinnahmen** sind, ausgehend von der
Anlagenleistung – unter Beachtung zukünftiger
Leistungsdegressionen - für den Stromselbstbrauch, den
Stromverkauf an Dritte und für die Einspeisung zu
ermitteln.

75. Die Einnahmen aus der **Netzeinspeisung** sind mit der
erwarteten Einspeisevergütung, der **Stromverkauf an
Dritte** mit den geplanten Umsätzen zu berücksichtigen.

76. Soweit der **Strom selbst verbraucht** wird, kommt es zu
einer als Betriebseinnahme zu erfassende Entnahme nach
§ 4 Abs. 1 Sätze 1 und 2 EStG. Bei dem entnommenen
Strom handelt es sich steuerrechtlich um ein
bilanzierungsfähiges Wirtschaftsgut, so dass die
Sachentnahme nach § 6 Abs. 1 Nr. 4 EStG mit dem
Teilwert zu erfolgen hat. Teilwert ist nach der
gesetzlichen Definition des § 6 Abs. 1 Nr. 1 Satz 3 EStG
der Betrag, den ein Erwerber des ganzen Betriebs im
Rahmen des Gesamtkaufpreises für das einzelne
Wirtschaftsgut ansetzen würde; dabei ist davon
auszugehen, dass der Erwerber den Betrieb fortführt
(keine Liquidationswerte). Maßgeblich ist danach der
Wert, den das einzelne Wirtschaftsgut als „Teil" der
wirtschaftlichen Einheit hat. Der Teilwert eines
Wirtschaftsguts kann nur durch eine Schätzung ermittelt

Gewinnerzielungsabsicht vs. Liebhaberei, positive
Totalgewinnprognose

werden[42]. Bei einem selbst hergestellten Wirtschaftsgut
des Umlaufvermögens (sog. Eigenerzeugnissen) sind nach
den zu Teilwertabschreibungen ergangenen
Entscheidungen die Reproduktions- oder
Wiederherstellungskosten anzusetzen[43]. In anderen
Urteilen des Bundesfinanzhofs wird bei Entnahmen eines
Wirtschaftsguts auch der Marktpreis als Teilwert
bestimmt[44]. Nachdem die zur Teilwertabschreibungen
geltende Rechtsprechung auch für die
Entnahmebewertung gilt[45] und die Entnahme direkt nach
der Herstellung erfolgt – also kein zeitlicher Abstand
zwischen der Herstellung und dem Bewertungsstichtag
geben kann - sind die Sachentnahmen mit den
kalkulierten Herstellungskosten in der
Totalgewinnprognose zu bewerten[46]. Die
Herstellungskosten umfassen dabei die geschätzten
laufenden Aufwendungen und den Wertverzehr der
Anlage (AfA) für die zu schätzende Nutzungsdauer von
mindestens 30 Jahren.

---

[42] BFH-Urteil vom 25. August 1983 IV R 218/80, BStBl. 1984 II, S. 33

[43] BFH-Urteile vom 29.04.1999 IV R 14/98, BStBl. 1999 II. 681.

[44] BFH- Urteil vom 12.03.2020 IV R 9/17, BStBl II 2021, 226; BFH-
Urteil vom 6.8.1985 VIII R 280/81, BStBl. 1986 II S. 217, 3b (bei
Entnahmen eines Wirtschaftsguts aus dem Betrieb wird der Teilwert
durch den Marktpreis bestimmt)

[45] BFH-Urteil vom 12.03.2020, Tz. 35

[46] Ein unter den Herstellungskosten liegender Marktpreis, ggf. noch
gekürzt um den üblichen Unternehmergewinn (den ein Erwerber als
Abschlag berücksichtigen würde), ist im Hinblick auf die Herstellung
zum direkten Verbrauch u. E. nicht zu berücksichtigen. Insoweit ist
eine einschränkende Auslegung im Hinblick auf den Sinn und Zweck
der Entnahmeregelung und Entnahmebewertung vorzunehmen.

77. Bei dem verbilligten Verkauf von Wirtschaftsgütern durch
eine Mitunternehmerschaft hat der BFH im Urteil vom
6.8.1985[47] eine **verdeckte Entnahme** angenommen und
diese mit dem Marktpreis bestimmt. Wenn die PV-Anlage
durch eine Mitunternehmerschaft (PV-GbR) betrieben
wird, dann ist die Frage der Bewertung der Entnahme
noch nicht abschließend beurteilt und wird auch in
laufenden Musterprozessen zu klären sein.

**... Stromverkäufe auch an nahe Angehörige und die eigene
GmbH**

78. **Keine Sachentnahmen**, sondern Verkäufe liegen vor,
wenn der PV-Betreiber Strom an „seine" GmbH oder an
die GmbH des Ehegatten verkauft, bzw. wenn ein PV-
Betreiber-Ehegatte Strom an den Ehegatten verkauft oder
wenn die PV-Anlage durch eine Ehegatten-GbR betrieben
wird und diese den Strom an einen Ehegatten oder auch
die (private) Ehegattengemeinschaft verkauft. Die
Verkäufe sind mit den tatsächlichen erzielbaren
Einnahmen zu berücksichtigen.

79. Voraussetzung für die Berücksichtigung in der
Totalgewinnprognose ist, dass der Verkauf fremdüblich
erfolgt. Der Stromverkauf muss auf (1) eine im Voraus
getroffene und (2) eindeutige Vereinbarung beruhen, (3)
die auch tatsächlich durchgeführt wird (**Fremdvergleich**).
PV-Betreibern ist es verwehrt, durch nachträglich
konstruierte Stromverkäufe an nahe Angehörige
Betriebseinnahmen zu generieren und diese in einem, für
eine Verlustverrechnungen notwendigen, Totalgewinn

---

[47] BFH-Urteil vom 6.8.1985 VII R 280/81, BStBl. 1986 II S. 17

darzustellen. Während der eine oder andere PV-Betreiber
sicherlich die Überlegung anstellt, eine Vereinbarung
oder einen Vertrag nachträglich zu erstellen, so fehlt es
dann doch an der notwendigen Durchführung der
Vereinbarung, die sich durch fehlende Zahlungen für die
Stromlieferung nachweisen lässt. Andererseits ist zu
berücksichtigen, dass auch **mündliche Vereinbarungen**
mit steuerlicher Wirkung abgeschlossen werden
können.[48] Hinsichtlich der tatsächlichen Durchführung,
die sich durch Zahlungsvorgänge (in Form von
Kontobewegungen auf dem Bankkonto) nachweisen lässt,
sollte eine vereinbarte und tatsächlich erfolgte jährliche
Abrechnung und Zahlung ausreichend sein, da dies auch
zwischen fremden Dritten üblich ist, sofern sich nur ein
Abrechnungsbetrag von bis zu 2.000 EUR p. a. ergibt.
Werden monatliche Abschlagszahlungen geleistet, kann
es an einer vorherigen Vereinbarung keine Zweifel geben.
Falls die PV-Anlage beispielsweise im Jahr 2022 in Betrieb
gegangen ist und bis heute noch keine Jahresabrechnung
erfolgt ist, scheitert der Fremdvergleich auf Ebene des
Durchführungsgebotes, wenn nicht besondere Umstände
die verzögerte Abrechnung rechtfertigen.

---

[48] Im Urteil vom 20.4.1999 VIII R 81/94, BFH/NV 1999 S. 1457, hat
der BFH die steuerliche Anerkennung nicht wegen der fehlenden
Schriftform, die vertraglich vereinbart war, versagt.

Gewinnerzielungsabsicht vs. Liebhaberei, positive
Totalgewinnprognose

Keine Restwertberücksichtigung

80. Eine Berücksichtigung des **Restwerts einer Anlage** für
einen möglichen Verkauf der PV-Anlage nach 20 Jahren
hat das Finanzgericht BaWü abgelehnt[49], obwohl
steuerbare Veräußerungsgewinne und Aufgabegewinne
und somit auch in der Anlage enthaltene stille Reserven
in die Totalgewinnprognose einzubeziehen sind[50]. Die
Nichtberücksichtigung ist der Tatsache geschuldet, dass
im Zeitpunkt der Investitionsentscheidung als
maßgebenden Zeitpunkt für die Totalgewinnprognose
kaum vorhersehbar war, welche Faktoren in welchem
Umfang zu einem nennenswerten Restwert der Anlage
beitragen könnten bzw. werden. Diese fortbestehende
Unsicherheit verhindert nach Senatsauffassung die
Ermittlung und Schätzung des Restwertes. Wird der
Prognosezeitraum aufgrund der anzunehmenden
Mindestnutzungsdauer mit 30 Jahren berücksichtigt oder
hilfsweise bei einem Prognosezeitraum von 20 Jahren die
AfA für die PV-Anlage basierend auf einer Nutzungsdauer
von 30 Jahren ermittelt, entfällt die Diskussion über den
Ansatz oder Nichtansatz eines Restwertes.

… aber Vorteile aus anderen Betrieben und Einkünften

81. Der Totalgewinn für die Gewinnerzielungsabsicht ist
grundsätzlich für den (einzelnen) PV-Betrieb zu prüfen. Es

---

[49] FG BaWü, Urteil vom 21.7.2023
[50] Die Einbeziehung setzt nur die Steuerbarkeit voraus, eine
(spätere) Steuerbefreiung z. B. durch § 16 EStG und wie hier durch §
3 Nr. 72 Satz 1 EStG ist ohne Einfluss. BFH-Urteil I R 69/95 vom
18.9.1996, BFH/NV 97, 408, BFH-Urteil IV R 8/03, BFH/NV 05, 854

Gewinnerzielungsabsicht vs. Liebhaberei, positive
Totalgewinnprognose

kann erforderlich sein, statt dem Totalgewinn den
betriebs- oder einkünfteübergreifenden Totalerfolg[51] zu
prüfen. Gehört die PV-Anlage nicht zu einem anderweiten
Betriebsvermögen und wird der von der PV-Anlage
erzeugte Strom im anderweitigen Betriebsvermögen
verbraucht, ist die Entnahme des Stroms aus dem
abgebenden PV-Betrieb nach § 6 Abs. 5 Satz 1 EStG mit
dem Buchwert und im verbrauchenden Betrieb mit dem
Buchwert zu bewerten. Die Gewinnerhöhung aus
eingesparten Stromkosten in dem verbrauchenden
Betrieb sind als fiktive Betriebseinnahmen bei der
Totalgewinnprognose des PV-Betriebes zu
berücksichtigen. Entsprechendes gilt, wenn der PV-
Betreiber eine Immobilie vermietet, Einkünfte aus
Vermietung und Verpachtung erzielt und der Strom, wie
in der Praxis häufig anzutreffen ist, nicht über einen
Stromliefervertrag an den Mieter verkauft, sondern über
die Mietnebenkostenabrechnung verrechnet wird. Der
Gewinn zwischen dem Entnahmewert aus dem PV-
Betrieb und dem Verrechnungspreis gegenüber dem
Mieter, ist als positiver Faktor bei der
Totalgewinnprognose zu berücksichtigen.

Beweislast liegt beim PV-Betreiber

82. Die Feststellung der Gewinnerzielungsabsicht ist eine
Tatsachenfrage und liegt im Wesentlichen auf dem Gebiet
der Tatsachenwürdigung, die dem Finanzgericht obliegt[52].
Die allgemeine **Beweislast** für steuerbefreiende oder

---

[51] Zum Totalerfolg, HHR, Tz. 383 zu § 2 EStG
[52] BFH-Urteil IV R 34/11 vom 30.10.2014, BStBl. 2015 II 380, unter 2
b) dd)

Gewinnerzielungsabsicht vs. Liebhaberei, positive
Totalgewinnprognose

steuermindernde Tatsachen liegt beim Steuerschuldner.
Dies gilt auch für die Einkünfteerzielungsabsicht als
Voraussetzung für die steuerliche
Berücksichtigungsfähigkeit geltend gemachter Verluste
ist[53]. Danach hat der PV-Betreiber den notwendigen
Totalgewinn bzw. Totalerfolg durch eine positive
Totalgewinnprognose für eine Verlustverrechnung
nachzuweisen. Der PV-Betreiber verliert die
Verlustverrechnungsmöglichkeit, wenn es ihm nicht
gelingt die Feststellungslast zu erfüllen; eine verbleibende
Ungewissheit trifft den PV-Betreiber[54].

**... mit eingeschränktem Anscheinsbeweis der
Gewinnerzielungsabsicht**

83. Es ist allerdings zu berücksichtigen, dass bereits geringe
Veränderungen/Schwankungen des Strompreises über
den langen Zeitraum der Prognose bei einer
zugrundeliegenden Zeitspanne von 30 Jahren erhebliche
Auswirkungen hat[55] und sämtliche Prognosen
ansteigende Strompreise erwarten lassen. Bei einem PV-
Betreiber, der Strom nicht nur einspeist und selbst
verbraucht, sondern auch in einem nicht unwesentlichen
Umfang von mindestens 25 % zu Marktpreisen oder zu
einem Preis, der erheblich über den Herstellungskosten
liegt, verkauft, besteht nach den Erkenntnissen des

---

[53] BFH-Urteile vom 7. November 2001 I R 14/01, BStBl II 2002, 861;
BFH vom 3. August 2004 X R 55/01, BFH/NV 2005, 517, BFH
Beschluss VIII B 51/11 vom 09.07.2012, BFH/NV 2012 S. 1780, unter
1a.
[54] Schmidt/Wacker, 40. Aufl. 2021, EStG § 15, Rn. 35
[55] Thüringer FG, Urteil 3 K 59/18 vom 11.9.2019, NWB WAAAH-
64314

Gewinnerzielungsabsicht vs. Liebhaberei, positive
Totalgewinnprognose

Autors ein **Anscheinsbeweis der
Gewinnerzielungsabsicht**.

84. In Abgrenzung von dem Leitsatz des Thüringer FG in
seinem Urteil vom 11.9.2019, wonach beim Betrieb einer
Photovoltaikanlage der Beweis des ersten Anscheins
immer für eine Gewinnerzielung spricht, kann ein solcher
Anscheinsbeweis m. E. nur gelten für PV-Anlagen,

    a.   die zur **Volleinspeisung** betrieben werden,

    b.   die auf einem **Zwei- oder Mehrfamilienhaus**
betrieben werden und der solare Strom an Mieter
oder Mitbewohner zu marktüblichen
Strompreisen verkauft wird,

    c.   die auf einer **Gewerbehalle** betrieben werden
und der erzeugte Strom fremdverkauft oder an
die eigene GmbH zu marktüblichen Preisen
verkauft wird,

    d.   die als **Überschussanlage auf dem
Einfamilienhaus** betrieben werden, wenn
mindestens 25 % des erzeugten Stroms an
fremde Dritte oder unter Beachtung des
Fremdvergleiches an nahe Angehörige oder
Gesellschafter verkauft wird.

85. Bei **Überschussanlagen auf dem Einfamilienhaus,** ohne
einen Stromverkauf an Angehörige oder fremde Dritte, ist
ein Totalgewinn nur in Ausnahmefällen zu erzielen. Der
Totalgewinn setzt besonders günstige Investitionskosten
für die PV-Anlage und somit in Folge ein geringes

Abschreibungsvolumen voraus. Bei diesem Anlagentypus wird eine Vielzahl von Anlagen als steuerliche Liebhaberei zu beurteilen sein und jegliche Verlustverrechnung scheitern. Investitionsabzugsbeträge sind in diesen Fällen zum Leidwesen der PV-Betreiber rückgängig zu machen, auch wenn die Liebhaberei noch vor kurzer Zeit von den Finanzbehörden nicht problematisiert und die Verlustverrechnung zugelassen wurde. Ein Anspruch der PV-Betreiber darauf, dass er die gleiche rechtswidrige, begünstigende steuerliche Behandlung erfährt wie andere Steuerpflichtige vor ein oder zwei Jahren („keine Gleichbehandlung im Unrecht"), besteht nicht[56].

---

[56] BFH-Beschluss VIII B 61/07 vom 15.1.2008, FG Münster, Urteil 12 K 1090/21 E vom 15.12.2023

Ergebnis

86. Der Anordnung im BMF-Schreiben vom 17.7.2023 zur
    Rückgängigmachung von Investitionsabzugsbeträgen
    fehlt die Begründung und auch die gesetzliche Grundlage.
    Außerdem ist eine Rückgängigmachung im Abzugsjahr
    2021 wegen einer sonst bestehenden echten
    Rückwirkung verfassungsrechtlich unzulässig.

87. Das **Betriebsausgabenabzugsverbot 2022** und das
    Verlustverrechnungsverbot 2022 durch die rückwirkende
    belastende Steuerbefreiung sind als eine unechte
    Rückwirkung verfassungsrechtlich unzulässig, da für die
    Rückwirkung keine öffentlichen Interessen des
    Gesetzgebers bestehen, die es rechtfertigen würden den
    Vertrauensschutz gegenüber dem PV-Betreiber
    aufzuheben. Die bloße Absicht, staatliche Mehreinkünfte
    zu erzielen ist kein den Vertrauensschutz von betroffenen
    Steuerpflichtigen überwindendes Gemeinwohlinteresse.

88. Voraussetzung für eine einkommensteuerrechtliche
    Berücksichtigung der PV-Anlage ist jedoch, dass Einkünfte
    aus Gewerbebetrieb vorliegen; die PV-Betreiber müssen
    daher, um die **Gewinnerzielungsabsicht** kämpfen, um
    eine Verlustverrechnung zu erreichen.

Wunsch oder eigentlich selbstverständlich?

89. Aus Beratersicht ist zu wünschen, dass sowohl das Bundesfinanzministerium als auch der Gesetzgeber bei Gesetzesänderungen zukünftig in ihre Überlegungen und Handlungen einbeziehen, dass steuerliche Beratungen zu Investitionsfragen im Laufe eines Kalenderjahres fortlaufend und nicht stichtagsbezogen erfolgen und dass Steuerpflichtige im Laufe eines Kalenderjahres Investitionsentscheidungen treffen, auf die im Zeitpunkt der Investition bzw. vorher im Zeitpunkt der Bestellung und Beauftragung auf die Geltung der aktuellen Gesetze zu vertrauen ist. Es ist abzulehnen, dass sich 10 Tage vor Ablauf des Kalenderjahres und damit dem rechtlichen Zeitpunkt für die Entstehung der Einkommensteuer die gesetzlichen Grundlagen für die abgelaufenen 355 Tage im Kalenderjahr grundlegend ändern. Es sollte wahrlich nicht nur ein Wunschdenken sein, dass die steuerberatenden Berufe auf die Gesetze im Zeitpunkt der Beratung vertrauen dürfen und nicht dem Mandanten bei der Beratung mitteilen müssen, dass alle Beratungen unverbindlich und hinfällig sind, wenn der Gesetzgeber noch am 30.12. ein Gesetz verkündet.